KB107770

신주사기 2

하본기

이 책은 롯데장학재단의 지원을 받아 번역, 출간되었습니다.

신주사기 2/ 하본기

초판 1쇄 인쇄 2020년 3월 1일
초판 1쇄 발행 2020년 3월 16일

지은이 (본문) 사마천
         (삼가주석) 배인·사마정·장수절
번역 및 신주 한가람역사문화연구소 사기연구실

펴낸이 이덕일
펴낸곳 한가람역사문화연구소

등록번호 제2019-000147호
주소 서울특별시 마포구 마포대로라길 8 2층
전화 02) 711-1379
팩스 02) 704-1390
이메일 hgr4012@naver.com

ISBN 979-11-969482-2-1 93910

값은 뒤표지에 있습니다.

이 도서의 국립중앙도서관 출판시도서목록(CIP)은
서지정보유통지원시스템 홈페이지(http://seoji.nl.go.kr)와
국가자료공동목록시스템(http://www.nl.go.kr/kolisnet)에서 이용하실 수 있습니다.
(CIP제어번호: CIP2020005125)

세계 최초
**삼가주석
완역!**

신주
사기

②

하본기

지은이
본문_ 사마천
삼가주석_ 배인·사마정·장수절
번역 및 신주
한가람역사문화연구소 사기연구실

한가람역사문화연구소

차
례

하
본
기
夏本紀

사
기
제
2
권
史記卷二

제1장 우가 등용되다

우임금은 곤鯀의 아들이다 … 11

제2장 우가 9주의 물길을 다스리다

기주와 연주의 물을 다스리다 … 33

청주와 서주의 물을 다스리다 … 53

양주와 형주의 물을 다스리다 … 68

예주와 양주의 물을 다스리다 … 89

옹주의 물을 다스리다 …101

제3장 아홉 산과 아홉 물을 다스리다

아홉 산을 다스리다 … 117

아홉 강을 소통시키다 … 129

나라 안팎을 정비하다 … 157

제4장 임금과 신하가 대화하다

옥관이 된 고요 … 171

新註史記

신주사기1   사기 1권   오제본기   편

신주사기3   사기 3권   은본기   편

               사기 4권   주본기   편

신주사기4   사기 5권   진본기   편

신주사기5   사기 6권   진시황본기 편

신주사기6   사기 7권   항우본기   편

신주사기7   사기 8권   고조본기   편

신주사기8   사기 9권   여태후본기 편

               사기 10권   효문본기   편

신주사기9   사기 11권   효경본기   편

               사기 12권   효무본기   편

제5장   **천자의 자리에 오르다**

순이 우에게 제위를 물려주다 … 197

제6장   **부자세습이 이루어지다**

우임금의 아들 계啓 … 213

제7장   **태강의 실국과 소강의 부흥**

하의 여러 군주와 소강 … 223

공갑의 실정과 쇠퇴 … 232

제8장   **하나라가 망하다**

걸이 임금이 되다 … 237

사기 제2권　史記卷二

하본기　夏本紀

제1장

우가 등용되다

우임금은 곤鯀의 아들이다

하우①의 이름은 문명이다.②
夏禹① 名曰文命②

①夏禹하우

[집해] 《시법諡法》에는 "수선성공受禪成功(제위를 물려받아 공을 이룸)이 우禹이다."라고 했다.
【集解】 諡法曰 受禪成功曰禹

[정의] 하夏는 제우帝禹가 봉封해진 나라 이름이다.《제왕기帝王紀》에는 "우禹는 봉함을 받아 하백夏伯이 되었는데, 예주豫州 방외方外의 남쪽에 있고 지금의 하남河南 양적陽翟이 이곳이다."라고 했다.

【正義】 夏者 帝禹封國號也 帝王紀云 禹受封爲夏伯 在豫州外方之南 今
河南陽翟是也

신주 하우夏禹는 하夏나라 시조 우禹라는 뜻이다. 소전小篆이나《설
문해자說文解字》등에는 우禹자에 군주라는 뜻 외에 '벌레(충虫, 蟲)'라는
뜻이 있다고 설명하고 있는데, 이는 우가 이족夷族임을 시사하는 것이
다. 우는 부친이 곤, 조부가 제전욱, 증조부가 창의인데, 창의는 동이족
소호와 아버지와 어머니가 같은 형제이니 동이족이다.

전욱과 곤의 계승관계에 대해서는 고대 사서들 사이에 견해가 엇갈
리고 있다.《제왕세기》와《세본》은《사기》처럼 전욱의 아들이 곤인 것
처럼 서술했지만 반고의《한서》〈율력지〉에는 "전욱의 5대에 곤이 태
어났다."라고 달리 말하고 있고, 사마정도 아래의《색은》에서 곤은 전
욱의 아들이 아니라면서 반고의《한서》가 더 실상에 가깝다고 수긍하
고 있다.

우의 계통에 대한 고대 사서의 서술들

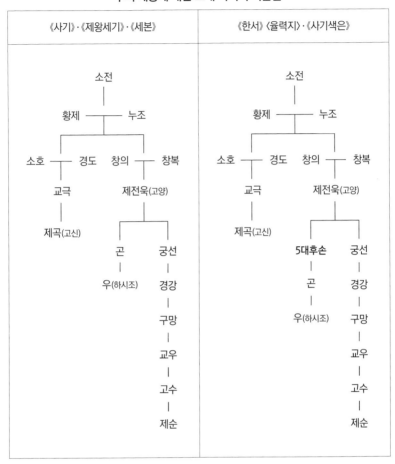

② 文命문명

색은 《상서》에는 "문명부우사해文命敷于四海(문명이 사해에 퍼지다)"라고 했다. 공안국은 "밖으로 문덕과 교명을 반포하다(外布文德教命)"라고

했으니 이것은 우禹의 이름을 말한 것이 아니다. 태사공이 방훈放勳·
중화重華·문명文命을 모두 요堯·순舜·우禹의 이름이라고 했는데, 반
드시 이치를 터득했다고 하지는 못할 것이다. 공안국은 또 "우虞는 씨
요 순舜은 이름이다."라고 했으니 곧 요堯·우禹·탕湯은 모두 이름이다.
대개 옛날 제왕의 호號는 모두 이름을 가지고 했지만 후대에는 그 행적
을 따라 추존해서 시호로 했다. 실로 우禹는 이름이 맞다. 그래서 장안
張晏은 "소호少昊 이전에는 천하에서 그 덕을 본떠서 불렀다. 전욱顓頊
이래로 천하의 호칭은 그 이름을 따라 불렀다."라고 말했다. 또 살펴보
니 《계본》에는 "곤鯀이 유신씨有辛氏의 딸을 취해서 딸을 여지女志라고
했는데, 이가 고밀高密을 낳았다."라고 했다. 송충宋衷은 "고밀은 우禹가
봉해진 나라이다."라고 했다.

【索隱】 尚書云 文命敷于四海 孔安國云 外布文德教命 不云是禹名 太史
公皆以放勳 重華 文命爲堯 舜 禹之名 未必爲得 孔又云 虞氏 舜名 則堯 舜
禹 湯皆名矣 蓋古者帝王之號皆以名 後代因其行 追而爲謐 其實禹是名 故
張晏云 少昊已前 天下之號象其德 顓頊已來 天下之號因其名 又按 系本 鯀
取有辛氏女 謂之女志 是生高密 宋衷云 高密 禹所封國

정의 《제왕기》에는 "(우의) 아버지는 곤鯀이고 아내는 수기脩己인데
유성流星이 묘성昴星을 꿰뚫는 것을 보고 꿈속에서 감응했으며 또 신
주神珠인 의이薏苡(율무)를 삼키고 가슴이 쪼개져서 우禹가 나왔다. 이
름은 문명文明이고 자字는 밀密이고 신체가 9자 2치의 장신으로서 본
래 서이西夷 사람이다."라고 했다. 《대대례》에는 "고양씨의 손자인 곤의
아들이 문명이다."라고 했다. 양웅揚雄의 《촉왕본기蜀王本紀》에는 "우禹

는 본래 문산군文山郡 광유현廣柔縣 사람이며 석뉴石紐를 낳았다."라고 했다. 《괄지지》에는 "(석뉴산은) 무주茂州 문천현汶川縣 뉴산紐山현 서쪽 73리에 있다."라고 했다. 《화양국지》에는 "지금의 이인夷人이 함께 그 땅을 경영하는데 사방 100리에는 감히 거주하거나 가축을 기르지 않으며, 지금도 오히려 감히 육축六畜을 놓아기르지 않는다."라고 했다. 살피건대 광위를 수隋나라에서 문천汶川이라고 고쳤다.

【正義】 帝王紀云 父鯀妻脩己 見流星貫昴 夢接意感 又吞神珠薏苡 胸坼 而生禹 名文命 字密 身九尺二寸長 本西夷人也 大戴禮云 高陽之孫 鯀之子 曰文命 楊雄蜀王本紀云 禹本汶山郡廣柔縣人也 生於石紐 括地志云 茂州 汶川縣石紐山在縣西七十三里 華陽國志云 今夷人共營其地 方百里不敢居 牧 至今猶不敢放六畜 按 廣柔 隋改曰汶川

신주 위 《제왕기》의 우가 본래 서이西夷사람이라는 설명이나 《화양국지》의 이인夷人이 함께 그 땅을 경영한다는 말은 우가 이족 출신임을 말해준다. 여기에서 서이는 동이와 다른 민족이라는 뜻이 아니다.

우禹의 아버지는 곤鯀이고, 곤의 아버지는 제전욱帝顓頊이다.①
전욱의 아버지는 창의昌意이고, 창의의 아버지는 황제黃帝이다.
우는 황제의 현손玄孫이고 제전욱의 손자이다. 우의 증조부 창
의昌意와 아버지인 곤鯀은 모두 제왕의 지위를 얻지 못하고 남의
신하가 되었다.

禹之父曰鯀 鯀之父曰帝顓頊① 顓頊之父曰昌意 昌意之父曰黃帝 禹
者 黃帝之玄孫而帝顓頊之孫也 禹之曾大父昌意及父鯀皆不得在帝
位 爲人臣

① 顓頊전욱

<u>색은</u>　황보밀은 "곤은 제전욱의 아들로서 자字는 희熙이다."라고 말
했다. 또《연산역連山易》에 "곤을 숭崇에 봉했다."라고 했다. 그러므로
《국어》에서 이르기를 "숭백곤崇伯鯀(숭의 제후가 곤)이다."라고 했다.《계
본》에는 또한 곤鯀이 전욱의 아들이 되었다고 말했다.《한서》〈율력지〉
에는 "전욱의 5대에 곤鯀이 태어났다."라고 했다. 살펴보니 곤鯀이 이미
요堯임금에게 벼슬했는데 순舜임금의 세대 및 계통과 현격하게 다르니,
순이 곧 전욱의 6대손이라면 곤은 전욱의 아들이 아니다. 대개 반고의
설명이 그 실상에 더 가까움을 얻었다.

【索隱】 皇甫謐云 鯀 帝顓頊之子 字熙 又連山易云 鯀封於崇 故國語謂之
崇伯鯀 系本亦以鯀爲顓頊子 漢書律曆志則云 顓頊五代而生鯀 按 鯀既仕
堯 與舜代系殊懸 舜即顓頊六代孫 則鯀非是顓頊之子 蓋班氏之言近得其實

신주 다음은 하나라의 계보도이다.

하나라 왕계 계승도(1대 우에서 17대 걸까지)

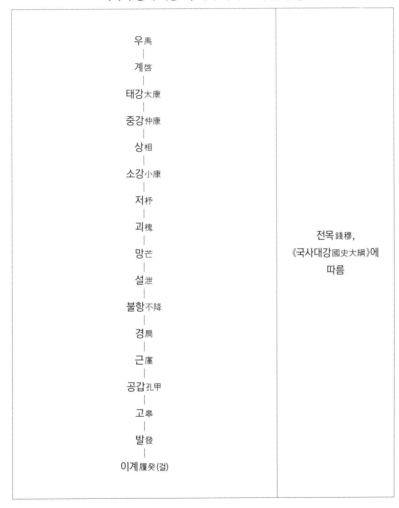

우禹
|
계啓
|
태강太康
|
중강仲康
|
상相
|
소강小康
|
저杼
|
괴槐
|
망芒
|
설泄
|
불항不降
|
경扃
|
근廑
|
공갑孔甲
|
고皐
|
발發
|
이계履癸(걸)

전목錢穆,
《국사대강國史大綱》에
따름

요임금 시대에 이르러 홍수鴻水가 하늘까지 넘쳐흐르고 넓게 퍼져① 산까지 둘러싸고 언덕까지 차올라서 아래의 백성이 걱정했다.

當帝堯之時 鴻水 滔天① 浩浩懷山襄陵 下民其憂

①鴻水滔天홍수도천

색은 어떤 곳에는 '홍洪'으로 되어 있다. 홍鴻은 크다는 뜻이다. 큰 새를 홍鴻이라고 하고 작은 새를 안鴈이라고 한다. 따라서 근대 문자에서는 글자가 큰 뜻인 것을 모두 '홍鴻'이라고 한다.

【索隱】 一作 洪 鴻 大也 以鳥大曰鴻 小曰鴈 故近代文字大義者皆作 鴻也

신주 도천滔天은 '하늘을 찌를 듯하다'는 뜻이다.

요임금이 치수治水에 능력이 있는 자를 구했는데 여러 신하들과 사악이 모두 말했다.

"곤이 적합합니다."

요임금이 말했다.

"곤은 사람이 되어 명령을 어기고 그 무리를 헐뜯으니 불가하다."

사악이 말했다.

"무리 중에서 곤보다 현명한 자가 있지 않으니 원컨대 제왕께서는 시험해 보십시오."

이에 요임금이 사악四嶽의 말을 듣고 곤을 등용해 치수治水사업을 맡겼다. 9년 동안 홍수가 그치지 않아 공을 이루지 못했다. 이에 요임금이 곧 사람을 구해 다시 순舜을 얻었다. 순은 등용되자 천자의 정사를 대행하고 사방을 순수巡狩했다. 순수하면서 곤의 치수사업에 공이 없는 상황을 살펴보고[1] 이에 곤을 우산羽山에서 형벌에 처해 죽였다.[2] 천하 사람들 모두가 순이 곤을 주벌한 것을 옳다고 여겼다. 이에 순이 곤鯀의 아들 우를 천거해 곤이 하던 사업을 계속 잇게 했다.

堯求能治水者 羣臣四嶽皆曰鯀可 堯曰 鯀爲人負命毀族 不可 四嶽曰 等之未有賢於鯀者 願帝試之 於是堯聽四嶽 用鯀治水 九年而水不息 功用不成 於是帝堯乃求人 更得舜 舜登用 攝行天子之政 巡狩行視鯀之治水無狀[1] 乃殛鯀於羽山以死[2] 天下皆以舜之誅爲是 於是舜舉鯀子禹 而使續鯀之業

①無狀무상

색은 공적이 드러난 상태가 없다고 말한 것이다.

【索隱】 言無功狀

②乃殛鯀於羽山以死내극곤어우산이사

정의 殛의 발음은 '격[紀力反]'이다. 곤은 우산에서 모습을 바꿔서 세발 자라[黃熊]가 되어 우연羽淵으로 들어갔다. 熊는 발음이 '내[乃來反]'인데, 아래의 점 3개가 삼족三足이 된다. 속석束晳의《발몽기發蒙紀》에는 "자라의 발이 3개인 것을 내熊라고 한다."고 했다.

【正義】 殛音紀力反 鯀之羽山 化爲黃熊 入于羽淵 熊音乃來反 下三點爲 三足也 束晳發蒙紀云 鼈三足曰熊

요임금이 붕어하자 순임금이 사악에게 물었다.

"능력에 있어 요임금의 사업을 훌륭하게 성취할 자로서 관직을 맡을 자가 있겠는가?"

모두가 말했다.

"백우伯禹(우禹)를 사공司空으로 삼는다면 요임금의 공로를 훌륭하게 성취할 수 있을 것입니다."

순임금이 말했다.

"아아! 그럴 것이다."

우에게 명령했다.

"그대는 수토水土를 다스리는데 오직 힘써 달라."

우는 절을 올리고 머리를 조아리며 설契과 후직后稷과 고요皋陶에게 양보했다. 순임금이 말했다.

"그대는 가서 그대가 맡은 일을 살피라."

우는 사람됨이 민첩했고 어떤 것도 이겨낼 만큼 부지런했다. 그의 덕惪은 어긋나는 것이 없었고 그의 인仁은 친할 만하며 그의 말은 믿을 만했다. 그의 말은 음률이 되었고[1] 몸가짐은 법도가 되어서[2] 저울이 나왔다고 했다.[3] 부지런히 힘쓰고 행동이 신중하며 엄숙해서 벼리가 되었다.

堯崩 帝舜問四嶽曰 有能成美堯之事者使居官 皆曰 伯禹爲司空 可成美堯之功 舜曰 嗟 然 命禹 女平水土 維是勉之 禹拜稽首 讓於契 后稷 皋陶 舜曰 女其往視爾事矣 禹爲人敏給克勤 其惪不違 其仁可親 其言可信 聲爲律[1] 身爲度[2] 稱以出[3] 亹亹穆穆 爲綱爲紀

① 聲爲律 성위율

| 색은 | 우禹의 소리가 종률鍾律에 응한 것을 말한 것이다. |

【索隱】 言禹聲音應鍾律

② 身爲度 신위도

| 집해 | 왕숙王肅은 "자신의 몸을 법도로 삼았다."라고 말했다. |

【集解】 王肅曰 以身爲法度

| 색은 | 살펴보니 지금 무당巫들이 '우보禹步'라고 일컫는 것과 같다. |

【索隱】 按 今巫猶稱 禹步

③ 稱以出 칭이출

| 집해 | 서광은 "어떤 곳에는 출出자가 '사士자'로 되어 있다."라고 말했다. |

【集解】 徐廣曰 一作 士

| 색은 | 살펴보니 《대대례》에는 '사士'로 쓰여 있다. 또 다른 해석에는 앞 문장上文에서 말과 행동이 율도律度(법)가 되었으니, 이는 곧 권형權衡(저울)이 또한 그 몸에서 나왔다는 뜻이다. 그러므로 '칭이출稱以出'(저울이 나왔다)이라고 했다. |

【索隱】 按 大戴禮見作 士 又一解云 上文聲與身爲律度 則權衡亦出於其

身 故云 稱以出也

우는 마침내 익益과 후직后稷과 함께 순임금의 명을 받들어 제후와 백관에게 토지를 나누어주어 사람들을 동원하라고 명했으며, 산에 올라 나무에 표식을 하고① 높은 산과 큰 강을 정하게 했다.②

禹乃遂與益 后稷奉帝命 命諸侯百姓興人徒以傅土 行山表木① 定高山大川②

---

①傅土行山表木부토행산표목

집해 《상서》에는 '傅' 자가 '敷' 자로 되어 있다. 마융은 "부敷는 분分(나누는 것)이다."라고 말했다.
【集解】 尚書 傅 字作 敷 馬融曰 敷 分也

색은 《상서》에는 '부토수산간목敷土隨山刊木'(땅을 나누어주고 산을 따라 그 나무를 벤다)으로 되어 있다. 지금 살펴보니 《대대례》에는 '부토傅土'로 되어 있다. 그러므로 이 기록에 의지한 것이다. 부傅는 곧 '부付'로써 공 책임을 나누어주고 부역하게 한 일을 말하는 것이다. 《상서》에 '부敷'라고 썼는데, 부敷란 '분分'이다. 사람에게 구주의 토지를 나누어주어 다스리게 한 것을 이른 것이다. 표목表木은 나무를 베어 세워서 표기表記

로 삼은 것을 이른 것인데, 공안국이 《서경》에서 주석한 뜻과는 다른 것이다.

【索隱】 尚書作 敷土隨山刊木 今案 大戴禮作 傅土 故此紀依之 傅即付也 謂付功屬役之事 若尚書作 敷 敷 分也 謂令人分布理九州之土地也 表木 謂 刊木立爲表記 與孔注書意異

②定高山大川정고산대천

집해 마융은 "그 등급과 순서를 정해서 예로 살핀 바를 제사한다." 라고 했다. 배인이 살펴보니 《상서대전》에 "고산대천高山大川은 오악五嶽 과 사독四瀆(나라에서 해 마다 제사지내는 네 강) 무리다."라고 했다.

【集解】 馬融曰 定其差秩祀禮所視也 駰案 尚書大傳曰 高山大川 五嶽 四 瀆之屬

우는 아버지 곤이 공을 이루지 못하고 죽임을 당한 것을 아파하며 이에 노신초사勞身焦思하면서 집 밖에서 거처한 지 13년이었는데, 그동안 집 앞을 지나면서도 감히 들어가지 않았다. 의복과 음식은 간략하게 하고 귀신에게 올리는 제사에는 효성을 다했다.[1]

禹傷先人父鯀功之不成受誅 乃勞身焦思 居外十三年 過家門不敢入 薄衣食 致孝于鬼神[1]

[1]致孝于鬼神치효우귀신

집해 마융은 "제사를 풍성하고 깨끗하게 하는 것이다."라고 했다.

【集解】 馬融曰 祭祀豐絜

궁실은 누추하게 짓게 하고 그 비용을 봇도랑[溝減]을 정리하는 데 사용했다.[1]

卑宮室 致費於溝減[1]

[1]致費於溝減치비어구역

집해 포씨包氏는 "사방 1리一里는 정井이 되고 정井 사이에는 구溝가 있는데 구溝의 넓이와 깊이는 4자이다. 10리는 성成이 되고 성成 사이에는 역淢이 있는데 역淢의 넓이와 깊이는 8자이다."라고 했다.

【集解】 包氏曰 方里爲井 井閒有溝 溝廣深四尺 十里爲成 成閒有淢 淢廣深八尺

> 육지에서는 수레를 타고 다녔고 물에서는 배를 타고 다녔으며, 진창에서는 썰매(취橇)를 타고 다녔고[1] 산길에서는 쇠못이 박힌 덧신(교橇)을 신고 다녔다.[2]
>
> 陸行乘車 水行乘船 泥行乘橇[1] 山行乘橇[2]

---

①陸行乘車水行乘船泥行乘橇육행승거수행승선이행승취

집해 서광은 "다른 책에는 혹간 취橇(썰매)가 체蕝(썰매)로 되어 있다."라고 했다. 배인이 살펴보니 맹강孟康은 "취橇의 형태는 키[箕]와 같은데 진흙 위에 던져서 나가게 한다."라고 말했다. 여순如淳은 "취橇의 음은 모체茅蕝할 때의 '체蕝'이다. 판자를 진흙 위에 두어서 길을 통행하게 하는 것을 이른 것이다."라고 했다.

【集解】 徐廣曰 他書或作 蕝 駰案 孟康曰 橇形如箕 摘行泥上 如淳曰 橇音茅蕝之蕝 謂以板置 {其} 泥上以通行路也

정의 살펴보니 취橇의 모형은 배와 같은데 더 짧고 작으며 양쪽 머리가 약간 일어나 있다. 사람이 한쪽 다리를 굽혀서 진흙 위를 치며 나아가며, 진흙 위의 물건을 주울 때 사용하는 것이다. 지금 항주杭州와 온주溫州 해변에는 이것들이 있다.

【正義】 按 橇形如船而短小 兩頭微起 人曲一脚 泥上擿進 用拾泥上之物 今杭州 溫州海邊有之也

②山行乘檋산행승교

집해 서광은 "교檋가 다른 본에는 교橋로 되어 있다."고 했다. 배인이 살펴보니 여순은 "교거檋車는 쇠를 사용해 송곳 머리처럼 만드는데 길이는 반치[半寸]이고 신 밑에 달아서 산 위에 오를 때 미끄러지지 않게 하는 것을 이른다. 발음은 '곡[紀錄反]'이다."라고 했다.

【集解】 徐廣曰 檋 一作 橋 音丘遙反 駰案 如淳曰 檋車 謂以鐵如錐頭 長半寸 施之履下 以上山不蹉跌也 又音紀錄反

정의 살펴보니 산 위에 오를 때는 앞의 이[前齒](앞의 송곳)는 짧고 뒤의 이는 긴 것을 쓰고, 산을 내려올 때는 앞의 이는 길고 뒤의 이는 짧은 것을 쓴다.

【正義】 按 上山 前齒短 後齒長 下山 前齒長 後齒短也 檋音與是同也

왼쪽에는 수준기와 먹줄[準繩]을, 오른쪽에는 그림쇠와 곱자[規矩]를,① 사시사철 싣고 다녔다.② 구주九州를 개척하고 구도九道를 소통시키고 구택九澤에 제방을 쌓고 구산九山을 측량했다. 익益에게 명해 백성에게 볍씨를 주고 낮고 습한 곳에 심게 했다. 후직后稷에게 명해 백성에게 얻기 어려운 식량을 주게 했다. 식량이 적은 곳은 남는 곳을 조절해서 서로 넉넉하게 해 제후들을 균등하게 했다. 우禹는 이에 가서 땅의 형편을 살펴보고 공물을 바치는 방법으로 산과 하천을 이용하여 편리하게 했다.

左準繩 右規矩① 載四時② 以開九州 通九道 陂九澤 度九山 令益予衆庶稻 可種卑湿 命后稷予衆庶難得之食 食少 調有餘相給 以均諸侯 禹乃行相地宜所有以貢 及山川之便利

①左準繩右規矩좌준승우규구

집해 왕숙은 "좌우에서 항상 사용하는 것을 말한다."라고 했다.
【集解】 王肅曰 左右言常用也

색은 왼쪽에서 운용할 때는 사람들에게 수준기와 먹줄에 적당하도록 하고 오른쪽에서 거동할 때는 반드시 규구規矩에 응하도록 한다는 것이다.
【索隱】 左所運用堪爲人之準繩 右所舉動必應規矩也

②載四時 재사시

<u>집해</u> 왕숙은 "행동하는 바는 사계절에 맞게 하는 것이다."라고 말했다.

【集解】 王肅曰 所以行不違四時之宜也

제2장

우가 9주의 물길을
다스리다

기주와 연주의 물을 다스리다

우禹가 기주부터 시작해서 치수를 행했다. 기주冀州①는 이미 호
구산壺口山을 비롯하여 양산梁山과 기산岐山을 다스렸다.② 이어
서 태원太原을 다스리고 태악太嶽의 남쪽에까지 미쳤다.③ 담회覃
懷에서 성공을 거두고④ 형수衡水와 장수漳水에 이르렀다.⑤ 그곳
의 토질은 희고도 부드러웠다.⑥

禹行自冀州始 冀州 旣載①壺口 治梁及岐② 旣脩太原 至于嶽陽③ 覃
懷致功④ 至於衡漳⑤ 其土白壤⑥

①冀州; 旣載(기주; 기재)

집해 공안국은 "요堯임금이 도읍한 곳이다. 먼저 공물과 부역을 책
에 기재해 시행했다."라고 했다. 정현은 "양하兩河 사이를 기주冀州라고

한다."라고 했다.

【集解】 孔安國曰 堯所都也 先施貢賦役載於書也 鄭玄曰 兩河閒曰冀州

[정의] 살펴보니 물을 다스리고 공부貢賦(세금과 공납)를 받는 것은 제왕帝王의 도읍지부터 시작한다. 황하는 승주勝州 동쪽으로부터 곧바로 남쪽으로 흘러 화음華陰에 이르렀다가 곧 동쪽으로 회주懷州 남쪽에 이른다. 또 동북쪽으로 평주平州 갈석산碣石山에 이르러 바다로 들어간다. 동하東河의 서쪽과 서하西河의 동쪽과 남하南河의 북쪽이 모두 기주冀州이다.

【正義】 按 理水及貢賦從帝都爲始也 黃河自勝州東 直南至華陰 即東至懷州南 又東北至平州碣石山入海也 東河之西 西河之東 南河之北 皆冀州也

[신주] 우가 천하를 구주九州로 나누었다는 우공 구주禹貢九州의 시작이다. 《상서》〈우공禹貢〉에 기재되어 있는데, 예주豫州·청주靑州·서주徐州·양주楊州·형주荊州·양주梁州·옹주雍州·기주冀州·연주兗州가 그것이다. 중국은 우공 구주를 현재 중국 전역으로 비정하고 있는데, 하夏나라 우가 개척한 구주는 하나라 영역을 넘을 수가 없었다. 하는 하남성과 산동성, 산서성 일부에 불과했다. 현재의 구주는 한나라 이후에 현재 중국사의 강역으로 크게 확대시킨 것이다. 《정의》 주석의 평주 갈석산은 한사군의 위치와 관련해 기준이 되는 지역이다. 《정의》를 편찬한 장수절이 생존했던 당唐나라 때 평주는 현재의 하북성 창려昌黎현과 노룡盧龍현 지역으로 비정된다.

②壺口治梁及岐호구치양급기

정현은 〈지리지〉에 "호구산壺口山은 하동 북굴현北屈縣 동남쪽에 있고, 양산梁山은 좌풍익左馮翊 하양夏陽에 있고 기산岐山은 우부풍右扶風 미양美陽에 있다."라고 했다.

【集解】 鄭玄曰 地理志壺口山在河東北屈縣之東南 梁山在左馮翊夏陽 岐山在右扶風美陽

정현은 "〈지리지〉의 호구산壺口山은 하동 북굴현 동남쪽에 있고 양산은 좌풍익 하양에 있고 기산은 우부풍의 미양에 있다."라고 말했다.

【索隱】 鄭玄曰 地理志壺口山在河東北屈縣之東南, 梁山在左馮翊夏陽, 岐山在右扶風美陽

중화서국본에는 《집해》의 주석과 똑같이 《색은》의 주석이 달려있는데, 백납본 등에는 없다

《괄지지》에는 "호구산은 자주慈州 길창현吉昌縣 서남쪽 50리의 기주冀州의 경내에 있다. 양산은 같은 주 한성현韓城縣 동남쪽 19리에 있고 기산은 기주岐州 기산현岐山縣 동북쪽 10리에 있는데, 두 산은 옹주雍州와 경계한다."라고 말했다. 공안국은 "동쪽에서 시작해 산을 따라 물을 다스려 서쪽으로 가는 것이다."라고 했다.

【正義】 括地志云 壺口山在慈州吉昌縣西南五十里冀州境也 梁山在同州

韓城縣東南十九里 岐山在岐州岐山縣東北十里 二山雍州境也 孔安國曰
從東循山理水而西也

③旣脩太原至于嶽陽기수태원지우악양

집해 공안국은 "태원太原은 지금 군명郡名이 되었다. 태악太嶽은 태
원의 서남쪽에 있다. 산의 남쪽을 양陽이라고 한다."라고 했다.
【集解】 孔安國曰 太原今爲郡名 太嶽在太原西南 山南曰陽

색은 악嶽은 태악太嶽인데 곧 기주冀州의 진산鎮山인 곽태산霍太山
이다. 살펴보니 〈지리지〉에 곽태산은 하동河東 체현彘縣 동쪽에 있다고
했는데, 무릇 이런 사례에서 책을 인용하지 않는 것은 모두 〈지리지〉의
문장이다.
【索隱】 嶽 太嶽 即冀州之鎮霍太山也 按 地理志霍太山在河東彘縣東 凡
如此例 不引書者 皆地理志文也

정의 《괄지지》에는 "곽태산은 심주沁州 심원현沁原縣 서쪽 70~80
리에 있다."라고 했다.
【正義】 括地志云 霍太山在沁州沁原縣西七八十里

④覃懷致功담회치공

집해 공안국은 "담회覃懷는 하수河水에 가까운 지명이다."라고 했다.

정현은 "회현懷縣은 하내河內에 소속되어 있다."라고 했다.

【集解】 孔安國曰 覃懷 近河地名 鄭玄曰 懷縣屬河內

색은 살펴보니 하내河內에 회현이 있다. 지금 검증해보니 '담覃'이라는 지명은 없으니 대개 '담회覃懷' 두 글자는 혹 당시에는 모두 하나의 땅이름이었을 것이다.

【索隱】 按 河內有懷縣 今驗地無名 覃 者 蓋 覃懷 二字或當時共爲一地之名

⑤衡漳형장

집해 공안국은 "장수漳水는 가로로 흐른다橫流."라고 했다.

【集解】 孔安國曰 漳水橫流

색은 살피건대 공안국이 주석에서 형衡자를 '횡橫(가로)'자로 여긴 것은 잘못이다. 왕숙王肅은 "형衡과 장漳은 2개의 물 이름이다."라고 했다. 〈지리지〉에 "청장수淸漳水는 상당上黨 점현沾縣 동북쪽에서 나와 부성현阜城縣에 이르러 하수河水로 들어간다. 탁장수濁漳水는 상당군 장자현長子縣 동쪽에서 나와 업주鄴州에 이르러 청장수로 들어간다."고 했다.

【索隱】 案 孔注以衡爲橫 非 王肅云 衡 漳 二水名 地理志淸漳水出上黨沾縣東北 至阜城縣入河 濁漳水出上黨長子縣東 至鄴入淸漳也

정의 《괄지지》에는 "옛날 회성懷城은 회주懷州 무척현武陟縣 서쪽 11리에 있다. 형장수衡漳水는 영주瀛州 동북쪽 125리의 평서현平舒縣

경내에 있다."고 했다.

【正義】 括地志云 故懷城在懷州武陟縣西十一里 衡漳水在瀛州東北
百二十五里平舒縣界也

⑥土白壤토백양

집해 공안국은 "흙에 덩어리가 없는 것이 양壤이다."라고 했다.

【集解】 孔安國曰 土無塊曰壤

> 그곳의 세稅는 상상上上급으로 부과했는데① 상중上中급이 섞여
> 있었고, 밭은 중중급이었다.② 상수常水와 위수衛水를 다스려졌
> 고 대륙택大陸澤도 다스렸다.③
>
> 賦上上錯① 田中中② 常 衛既從 大陸既爲③

①賦上上錯부상상착

집해 공안국은 "상상上上은 제일의 세금이다. 착錯은 뒤섞인 것이다.
(소출이 적은 해) 제이의 세금을 섞어서 내는 것이다."라고 했다.

【集解】 孔安國曰 上上 第一 錯 雜也 雜出第二之賦

신주 부賦는 나라에 내는 세금이다. 상상上上은 부세賦稅 등급으로

가장 높은 것이다. 토질土質의 좋고 나쁨에 따라 아홉 등급이 있었는데
상상上上·상중上中·상하上下, 중상中上·중중中中·중하中下, 하상下
上·하중下中·하하下下다. 착錯은 상상上上보다 아래의 등급인 상중上
中을 섞어낸다는 뜻이다.

②田中中전중중

[집해] 공안국은 "구주九州 안에서는 (9등급 중에서) 제 5등급이 된다."
라고 했다.
【集解】 孔安國曰 九州之中爲第五

③常衛既從大陸既爲상위기종대륙기위

[집해] 정현은 〈지리지〉에 "항수恒水는 항산에서 나오고 위수衛水는
영수靈壽에 있고 대륙택은 거록鉅鹿에 있다."고 했다.
【集解】 鄭玄曰 地理志恆水出恆山 衛水在靈壽 大陸澤在鉅鹿

[색은] 이 문장에서 항산恒山과 항수恒水를 고쳐서 모두 '상常'자로
쓴 것은 한문제漢文帝의 이름(유항劉恒)을 휘諱(꺼림)했기 때문이다. 상수
常水는 상산常山의 상곡양현上曲陽縣에서 나와 동쪽 구수滱水로 들어간
다. 위수衛水는 상산의 영수현靈壽縣에서 나와 동쪽 호지虖池로 들어간
다. 곽박郭璞은 "대륙은 지금의 거록鉅鹿 북쪽 광하택廣河澤이 이곳일
따름이다."라고 했다. 위爲는 또한 작作이다.

【索隱】 此文改恆山 恆水皆作 常 避漢文帝諱故也 常水出常山上曲陽縣東入滱水 衞水出常山靈壽縣 東入虖池 郭璞云 大陸 今鉅鹿北廣河澤是已 爲亦作也

신주 한 문제文帝(서기 전 202~서기 전 157년)의 이름이 유항劉恒이므로 이를 피해 항수恒水를 상수常水로 고쳤다는 뜻이다.

> 조이鳥夷가 보낸 공물인 가죽옷[皮服]②은 갈석산碣石山을 오른쪽으로 끼고③ 바다로 들어왔다.④
>
> 鳥夷皮服② 夾右碣石③ 入于海④

②鳥夷皮服조이피복

집해 정현鄭玄은 "조이鳥夷는 동북쪽에 사는 백성으로서 새와 짐승을 잡아먹는다."라고 했다. 공안국은 "그들은 가죽옷을 입는데, 맑은 물로 가죽의 해를 제거한다."라고 했다.

【集解】 鄭玄曰 鳥夷 東北方之民 賦 搏 食鳥獸者 孔安國曰 服其皮 明水害除

정의 《괄지지》에는 "말갈국靺鞨國은 옛날 숙신肅愼이며 경도京都(수도)에서 동북쪽으로 일만 리 못 미쳐 있는데 동쪽과 북쪽이 각각 큰 바다에 이른다. 그 나라의 남쪽에는 백산白山이 있는데 새와 짐승과 풀과 나무가 모두 백색白色이다. 그 사람들은 산과 수풀 속에 거처하는데 토기土氣가 아주 차서 항상 토굴 속에서 살고, 깊은 곳을 귀하게 여겨서 이르려면 아홉 계단九梯이 있다. 돼지를 길러 육식을 하고 그 가죽으로 옷을 해 입고 겨울에는 돼지기름을 몸에 바르는데 여러 번 나누어 두텁게 발라 바람과 한기를 막는다. 더러운 냄새와 깨끗하지 않은 것을 귀하게 여겨서 측간을 가운데 만들고 둥그렇게 둘러서 거주한다.

용력勇力이 많고 활을 잘 쏜다. 활의 길이는 4자인데 쇠뇌와 같으며 화살은 호楛나무로 만드는데 길이가 1자 8치이다. 푸른 돌로 화살촉을 만든다. 장례에는 나무를 엇걸어 덧널(곽椁)을 만들고 돼지를 죽여서 덧널 위에 쌓는데 부자는 수백 마리에 이르고 가난한 자도 수십 마리에 이르며 죽은 사람의 양식으로 삼는다. 또 흙으로 위를 덮어서 노끈으로 덧널을 매고 머리는 흙 위로 나오게 해서는 술을 부어 강신을 하는데 (관로灌酹) 노끈이 썩으면 중지하며, 사시사철에 제사를 지내지 않는다." 라고 말했다.

【正義】 括地志云 靺鞨國 古肅愼也 在京東北萬里已下 東及北各抵大海 其國南有白山 鳥獸草木皆白 其人處山林閒 土氣極寒 常爲穴居 以深爲貴 至接九梯 養豕 食肉 衣其皮 冬以豬膏塗身 厚數分 以禦風寒 貴臭穢不絜 作 廁於中 圍之而居 多勇力 善射 弓長四尺 如弩 矢用楛 長一尺八寸 青石爲鏃 葬則交木作椁 殺豬積椁上 富者至數百 貧者數十 以爲死人之糧 以土上覆 之 以繩繫於椁 頭出土上 以酒灌酹 繩腐而止 無四時祭祀也

신주 《정의》의 주석자 장수절은 당 태종이 고구려 정벌에 나섰다가 크게 패한 후인 측천무후 때 사람이다. 당시 고구려의 제후국이던 동이 숙신족에 대한 반감이 개재되어 '더러운 것을 귀하게 여긴다'는 등의 폄하가 서술되었다.

③夾右碣石협우갈석

집해 공안국은 "갈석은 바다 가장자리[海畔] 산이다."라고 했다.
【集解】 孔安國曰 碣石 海畔之山也

④入于海입우해

집해 서광은 "해海는 다른 본에는 '하河'로 되어 있다."라고 했다.
【集解】 徐廣曰 海 一作 河

색은 〈지리지〉에는 "갈석산은 북평北平 여성현驪城縣 서남쪽에 있다."라고 했다. 《태강지리지太康地理志》에는 "낙랑군 수성현遂城縣에 갈석산이 있는데 장성長城이 일어나는 곳이다."라고 했다. 또 《수경》에는 "요서 임투현臨渝縣의 남쪽 수중水中에 있다."라고 했다. 대개 갈석산은 두 곳이 있는데 여기에서 '오른쪽으로 갈석을 끼고 바다로 들어간다'라고 한 것은 당연히 북평北平 갈석산이다.
【索隱】 地理志云 碣石山在北平驪城縣西南 太康地理志云 樂浪遂城縣有碣石山 長城所起 又水經云 在遼西臨渝縣南水中 蓋碣石山有二 此云 夾右碣石入于海 當是北平之碣石

신주   하우 때의 갈석산에 대해《사기》보다 이른 기록인《서경》〈우공禹貢〉 조에는 "조이의 공물인 가죽옷은 갈석을 오른쪽으로 끼고 황하로 들어온다.[島鳥夷皮服, 夾右碣石入于河]"라고 썼다. 이 구절의 하河는 바다가 아니라 황하를 뜻한다. 위《집해》에서 서광이 "해海는 다른 본에는 '하河'로 되어 있다고 했는데, 청나라의 양옥승梁玉繩은《사기지의》에서 이 구절에 대해 "살펴건대 해海자는 잘못으로, 서광이 '다른 본에는 하河로 되어 있다'고 한 것이 옳으며,《상서》〈우공〉과《한서》〈지리지〉에도 '하河'로 되어 있다."라고 주석했다. 이중《한서》〈지리지〉에도 "갈석을 오른쪽으로 끼고 황하로 들어간다[夾右碣石, 入于河]."라고 되어 있다. 이는《한서》의 편찬자 반고班固가 사마천이 '황하[河]'로 되어 있는 것을 '바다[海]'로 고쳤다고 인식하고 다시 '황하河'로 고쳤다고 해석할 수 있다.

갈석산의 위치는 대단히 중요하다. (고)조선과 진秦·한漢의 경계이자 낙랑군의 위치를 말해주기 때문이다. 갈석산의 위치는 두 시기로 나누어 볼 수 있다. 하나는《사기》〈본기〉에 나오는 갈석산의 위치이고, 다른 하나는 고조선과 진·한의 국경이었던 갈석산의 위치이다. 두 갈석산의 위치가 같을 수도 있지만 양자 사이에 2,000여 년 이상의 시기 차이가 나기 때문에 다를 수도 있다.

먼저《사기》〈본기〉의 갈석산에 대해서 찾아보자. 해海자가 꼭 바다를 뜻하는 것은 아님을 감안해 살펴보면 이 구절의 '바다'는《서경》·《한서》의 기록대로 '황하'로 생각하는 것이 타당할 것이다. 그러면 "갈석을 오른쪽으로 끼고 황하로 들어온다.[夾右碣石, 入于河]"라는 갈석산은 바닷가가 아니라 내륙의 갈석산으로 보아야 할 것이다. 이 내륙의 갈석산은 《산해경山海經》〈북산경北山經〉 '북차삼경北次三經'에 기록된 갈석산으로 해석할 수 있는데, 그 내용은 다음과 같다.

"또 북쪽으로 500리에 갈석산이 있는데 승수繩水가 나와 동쪽으로 흘러 황하에 들이 붓는다. 그 중에는 포이어蒲夷魚가 많고 그 위에는 옥玉이 있는데, 그 아래에는 청벽靑碧(푸른 옥)이 많다. 또 강이 북쪽으로 500리를 흐르면 안문산鴈門山에 이르는데 그 산에는 초목이 없다.[又北五百里 曰碣石之山 繩水出焉 而東流注于河 其中多蒲夷之魚 其上有玉 其下多青碧 又北水行五百里 至于鴈門之山 無草木]"

그런데 《상서》〈우공〉에는 또 "태행太行·항산恒山에서 갈석에 이르러 바다로 들어온다.[大行恆山 至于碣石 入于海]"라고 쓰고 있다. 같은 《상서》〈우공〉 조에 앞에서는 "황하로 들어간다[入于河]"라고 쓰고, 뒤에서는 "바다로 들어간다[入于海]"라고 서로 모순되게 쓴 것 같지만 앞에서는 "오른쪽으로 갈석산을 끼고 황하로 들어온다."라고 했고, 뒤에서는 "태행·항산에서 갈석에 이르러 바다로 들어간다."라고 했으므로 그 기준이 다르다. 뒤의 갈석산은 산서성의 태행산과 항산으로부터 멀지 않은 곳에 있던 갈석산이라고 볼 수 있다. 황하로 들어가는 갈석산, 즉 황하에서 가까운 갈석산에 대해 《산해경》은 "또 강물이 북쪽으로 500리를 가면 안문산에 이른다."라고 했는데, 이 갈석산은 《사기》〈소진열전蘇秦列傳〉에서 연燕나라의 강역에 대해서 설명한 내용과 부합된다.

"연나라 동쪽에는 조선, 요동이 있고, 북쪽에는 임호, 누번이 있고, 서쪽에는 운중, 구원이 있고, 남쪽에는 호타, 역수가 있다. 강역이 사방 2,000여 리에 무장한 군사는 수십여 만 명이고, 전차는 600여 대이고, 기병의 말이 6,000여 필이고, 군량미는 여러 해를 지탱할 수 있습니다. 남쪽에는 갈석산과 안문의 풍요로움이 있고… [燕東有朝鮮 遼東 北有林胡 樓煩 西有雲中 九原 南有嘑沱 易水 地方二千餘里 帶甲數十萬 車六百乘 騎六千匹 粟支數年 南有碣石 鴈門之饒…]"

연나라 남쪽의 안문에 대해서 중국에서는 산서성 북부 삭주朔州시 북쪽의 우옥右玉현으로 보고 있는데, 항산의 서쪽이다. 이 안문이 내륙에 있으므로 갈석산 또한 내륙에 있었는데, 중국 학계는 내륙의 황하에 가까운 이 갈석산에 대해서 언급을 회피하면서(고홍장高洪章·동보서董寶瑞의 〈갈석고碣石考〉《역사지리》제 3집. 1983)), 하夏나라 때부터 지금까지 갈석산을 지금의 난하 하류 바닷가에 있는 창려현 갈석산으로 비정하고 있다.

《사기》〈흉노열전〉등에는 하나라보다 훗날인 전국시대 말기 연나라 장수 진개秦開가 조선의 서부 강역 1,000~2,000리를 차지하고 요동군 등 5개 군을 설치했다는 기록이 있다. 여기에 쌓은 장성의 동쪽 끝이 양평襄平인데, 이 양평에 대해《색은》은 "지금 요동을 다스리는 곳이다."라고 말하고 있다. 즉 만리장성의 동쪽 끝이 요동인데, 《수경주》에는 만리장성의 동쪽 끝이 "임조에서 시작해서 갈석까지 이르렀다.[起自臨洮至于碣石《수경주 3》〈하수〉)]"라고 말하고 있다. 즉 이때 만리장성의 동쪽 끝이라는 갈석은 하夏나라 때의 내륙 갈석이 아니라 난하 유역의 갈석산을 말하는 것이다.

그럼 바닷가 갈석, 즉 난하 유역의 갈석산에 대해서 살펴보자. 현재 한국 및 일본 강단사학계에서 말하는 갈석산은 황해도 수안군인데, 수안군에는 갈석산이 없다. 갈석산 위치 논쟁은 산서성 내륙의 갈석산인지 하북성 난하 유역의 갈석산인지에 관한 것이지 한반도 내의 갈석산은 20세기 때까지 한 번도 거론된 적이 없었다. 한반도 내에 갈석산이 있었다는 주장은 일제강점기 때 일본인 학자들이 반도사관으로 만든 허구의 갈석산이자 허구의 만리장성이기 때문이다.

조선총독부 직속 조선사편수회 편찬위원이었던 이나바 이와키치稻葉岩吉는 1910년 《사학잡지史學雜誌》의 〈진장성동단 및 왕검성고秦長城東端及王儉城考〉(진 만리장성의 동쪽 끝과 왕검성에 대한 논고)에서 낙랑군 수성현을 황해도 수안遂安이라고 주장했다. 남한 강단사학계의 이병도는 〈낙랑군고〉(《한국고대사연구》)에서 황해도 수안설에 동의하면서 이렇게 말했다.

"수성현遂城縣 … 자세하지 아니하나, 지금 황해도 북단에 있는 수안에 비정하고 싶다. 수안에는 승람 산천조에 요동산遼東山이란 산명이 보이고, 관방조關防條에 후대 소축所築의 성이지만 방원진防垣鎭의 동서행성의 석성石城이 있고, 또 진지晋志의 이 수성현 조에는-맹랑한 설이지만-'진대장성지소기秦代長城之所起'라는 기재도 있다. 이 진장성설은 터무니없는 말이지만 아마 당시에도 요동산이란 명칭과 어떠한 장성지長城址가 있어서 그러한 부회가 생긴 것이 아닌가 생각된다. 그릇된 기사에도 어떠한 꼬투리가 있는 까닭이다."(이병도, 〈낙랑군고〉, 《한국고대사연구》)

이병도는 《동국여지승람》 황해도 수안군 산천조에 나오는 요동산을 갈석산이라고 주장하고, 같은 책의 수안군 관방조에 나오는 방원진 석성을 만리장성이라고 주장한 것이다. 그러다 논리가 부족하니까 진지晋志(진서지리지)를 끌어들였다. 《진서晉書》 〈지리지〉 '평주平州 낙랑군'조에는 "수성현에는 진秦나라에서 쌓은 장성이 일어나는 곳이다.[遂城 秦築長城之所起]"라는 구절이 있다. 이는 진晉나라 행정구역인 평주 낙랑군 수성현이 만리장성의 동쪽 끝이라는 내용이지 황해도 수안군과는 아무런 상관이 없는 기술이다. 이병도는 스승 이나바 이와기치의 주장을 추종하다가 논리가 부족하니까 황해도 수안군과 아무런 상관이 없는 《진서》〈지리지〉를 끌어들여 논리 자체를 뒤섞은 것이다. 《동국여지승람》과 《진지》를 연결해 놓은 문장 자체가 비문非文이다.

이나바 이와기치나 이병도는 낙랑군 수성遂城현과 황해도 수안遂安의 수遂자가 같은 것 하나를 근거로 삼았다. 그런데 《고려사高麗史》〈지리지〉는 "수안현은 본래 고구려 장색현이었고, 신라 때는 서암군의 영현이었다가 고려 초에 수안으로 고쳤다.[遂安縣 本高句麗 獐塞縣一云古所於, 新羅時栖巖郡領縣 高麗初改今名]"라고 설명하고 있다. 고려 초에야 수遂자가 붙은 수안遂安이란 이름이 생겼다는 뜻이다.

20세기 초에 이나바 이와기치가 만리장성의 동쪽 끝이 황해도 수안이라고 주장한 것을 1930년대 중국의 왕국유王國維가 평양이라고 조금 바꿔 만리장성이 한반도 내까지 들어왔다고 주장했다. 그 결과 현재 한반도 내로 끌어들인 만리장성 지도가 세계적으로 통용되고 있다.

그런데 만리장성을 한반도 내로 끌어들이려면 갈석산도 한반도 내에 있어야 한다. 난하 유역의 갈석산은 진시황과 2세 황제를 비롯해서 무제, 위조조, 수양제, 당태종 등 9명의 황제가 올랐다고 해서 '구등황제산九登皇帝山'이라고 불리는 유명한 산이다. 중국 사회과학원에서 편찬한 《중국역사지도집》도 낙랑군 수성현은 평양 근처에 그려놓고 만리장성도 그 근처까지 그려놓았지만 갈석산은 그 근처에 그려놓지 못하고 하북성 창려현 난하 근처에 그려놓은 것이다. 현재 산동성 북부 무체無棣현에도 갈석산이 있다. 그 어느 갈석산도 한반도 내에 있지 않았고, 만리장성도 한반도 내로 들어오지 않았다.

제수와 황하 사이가 연주沇州이다.① 아홉 갈래의 황하수를 잘 소통시켜② 뇌하雷河를 호수로 만들고 옹수雍水와 저수沮水를 합류하게 했다.③

河維沇州① 九河既道② 雷夏既澤 雍 沮會同③

①濟河維沇州제하유연주

[집해] 정현은 "연주沇州의 경계가 제수와 하수의 두 물길 사이에 있다고 말한 것이다."라고 했다.

【集解】 鄭玄曰 言沇州之界在此兩水之閒

②九河既道구하기도

[집해] 마융은 "구하九河의 이름은 도해徒駭, 태사太史, 마협馬頰, 복부覆釜, 호소胡蘇, 간簡, 결絜, 구반鉤盤, 격진鬲津이다."라고 말했다.

【集解】 馬融曰 九河名徒駭 太史 馬頰 覆釜 胡蘇 簡 絜 鉤盤 鬲津

[신주] 마융이 생존했던 후한(서기 25~220년) 시대에는 황하의 지류支流가 9개로 흘렀음을 알 수 있다.

③雷夏既澤雍沮會同뇌하기택옹저회동

정현은 "옹수雍水와 저수沮水는 서로 부딪치고 합해서 뇌택으로 들어간다."고 말했다. 〈지리지〉는 뇌택은 제음濟陰 성양현城陽縣 서북쪽에 있다고 했다.

【集解】 鄭玄曰 雍水沮水相觸而合入此澤中 地理志曰雷澤在濟陰城陽縣西北

색은 《이아》에는 "물이 하수로부터 나와 옹수雍水가 된다."라고 했다.

【索隱】 爾雅云 水自河出爲雍也

정의 《괄지지》에는 "뇌하는 복주濮州 뇌택현 성곽 밖의 서북쪽에 있다. 옹雍과 저沮 두 강은 뇌택의 서북쪽 평지에 있다."라고 했다.

【正義】 括地志云 雷夏澤在濮州雷澤縣郭外西北 雍 沮二水在雷澤西北平地也

> 뽕나무가 잘 자라는 토지에서는 처음부터 누에를 치게 하고, 이에 백성은 언덕에서 내려와 평지에서 살게 되었다.[①] 그곳의 흙은 검고 기름졌으며[②] 수풀은 우거지고 나무도 잘 자랐다.[③]
>
> 桑土既蠶 於是民得下丘居土[①] 其土黑墳[②] 草繇木條[③]

①下丘居土하구거토

공안국은 "대수大水가 떠나면 백성은 아래 언덕인 평토平土에 살며 양잠하러 나아간다."라고 했다.

【集解】 孔安國曰 大水去 民下丘居平土 就桑蠶

②土黑墳토흑분

집해 공안국은 "흙의 색이 검고 흙이 부풀어 올랐다."(분墳은 기름지다 는 뜻이다)라고 했다.

【集解】 孔安國曰 色黑而墳起

③草繇木條초요목조

집해 공안국은 "요繇는 무성한 것이다. 조條는 자란다는 뜻이다."라 고 했다.

【集解】 孔安國曰 繇 茂 條 長也

밭은 중하中下급이었지만[1] 부세는 정貞(가장 가벼운 9등급)이었다. 13년 동안을 일구고 가꾸어서야 부세가 다른 고을과 같아졌다.[2] 그곳의 공물은 옻칠과 명주실, 대바구니, 무늬를 넣어 짠 비단이었다.[3] 제수濟水와 탑수漯水에 배를 띄워 황하로 통하게 했다.

田中下[1] 賦貞 作十有三年乃同[2] 其貢漆絲 其篚織文[3] 浮於濟 漯 通 於河[4]

①田中下전중하

집해 공안국은 "토질은 제 6등급이다."라고 했다.
【集解】 孔安國曰 第六

②賦貞作十有三年乃同부정작십유삼년내동

집해 정현은 "정貞은 정正이다. 이 주州를 다스려 곧바로 경작하는 것을 쉬지 않아서 13년 만에 세금이 8개 주와 같아졌으니 공을 세우는 것이 어렵다고 말한 것이다. 그 세금은 하하下下이다."라고 했다.
【集解】 鄭玄曰 貞 正也 治此州正作不休 十三年乃有賦 與八州同 言功難 也 其賦下下

신주 토질이 6등급이지만 9등급의 세금을 냈는데 13년간 노력해서 다른 8개 주와 동일한 세금을 낼 수 있게 되었다는 뜻이다.

③其貢漆絲其篚織文기공칠사기비직문

집해 공안국은 "땅에는 옻나무 숲이 적당하고 또 뽕나무와 양잠이 적당하다. 직문織文은 비단의 종류이며 광주리에 담아서 세금을 내는 것이다."라고 했다.

【集解】 孔安國曰 地宜漆林 又宜桑蠶 織文 錦綺之屬 盛之筐篚而貢焉

④浮於濟漯通於河부어제답통어하

집해 정현은 "〈지리지〉에 탑수漯水는 동군東郡의 동무양東武陽에서 나온다."라고 했다.

【集解】 鄭玄曰 地理志云漯水出東郡東武陽

색은 제수濟水는 하동河東의 원현垣縣 왕옥산王屋山 동쪽에서 나와 그것이 흘러 제음濟陰에 이른다. 그러므로 응소應劭는 "제수는 평원平原의 탑음현漯陰縣 동쪽에서 나오고, 탑수는 동군東郡 동무양현東武陽縣 북쪽에서 나와 천승현千乘縣에 이르러 바다로 들어간다."라고 했다.

【索隱】 濟水出河東垣縣王屋山東 其流至濟陰 故應劭云 濟水出平原漯陰縣東 漯水出東郡東武陽縣北 至千乘縣而入于海

청주와 서주의 물을 다스리다

바다와 태산泰山 사이가 청주靑州이다.[①] 우이嵎夷 지방을 이미
다스리고 나니[②] 유수濰水와 치수淄水가 소통되었다.[③] 그곳의 흙
은 희고 기름지며 바닷가는 갯벌이 넓었고[④] 그 밭은 염분이 많
았다.[⑤]

海岱維青州[①] 嵎夷既略[②] 濰 淄其道[③] 其土白墳 海濱廣潟[④] 厥田斥鹵[⑤]

①海岱維青州해대유청주

집해 정현은 "동쪽의 바다에서부터 서쪽으로 대岱에 이른다. 동악東

嶽은 대산岱山이라고 한다."라고 했다.

【集解】 鄭玄曰 東自海 西至岱 東嶽曰岱山

하나라 실제 강역과 중국에서 확대시킨 우공구주 영역

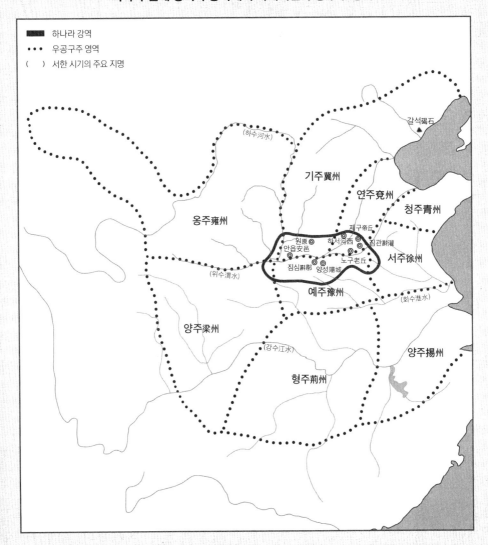

【참고문헌】

司馬遷,《史記》〈夏本紀〉

譚其驤,《中國歷史地圖集》, 1982, 中國社會科學院

정의 　살펴보니 순임금이 청주를 나누어 영주營州로 삼았는데 요서와 요동이다.

【正義】　按 舜分青州爲營州 遼西及遼東

신주 　당나라 때 영주營州는 지금의 하북성 동쪽과 요녕성 서쪽에 걸쳐 있었다. 요하遼河를 기준으로 삼던 지금의 요동보다는 훨씬 더 서쪽이었음을 알 수 있다.

②嵎夷既略우이기략

집해 　마융은 "우이嵎夷는 지명地名이다. 공功을 조금 사용하는 것을 약略이라 한다."고 말했다.

【集解】　馬融曰 嵎夷 地名 用功少曰略

색은 　공안국은 "동쪽 밖의 땅을 우이라고 일컫는다."라고 했다. 살펴보니《금문상서》와《제명험帝命驗》에서 함께 '우철禺鐵'이라고 했는데, 요서에 있다. 철鐵은 옛날의 '이夷'였다.

【索隱】　孔安國云 東表之地稱嵎夷 按 今文尚書及帝命驗並作 禺鐵 在遼西 鐵 古 夷 字也

③濰淄其道유치기도

집해 　정현은 "〈지리지〉에 유수濰水는 낭야琅邪에서 나오고 치수淄水

는 태산의 내무현萊蕪縣 원산原山에서 나온다."라고 했다.

【集解】 鄭玄曰 地理志濰水出琅邪 淄水出泰山萊蕪縣原山

색은 유수는 낭야군 기현箕縣에서 나와 북쪽으로 도창현都昌縣에 이르러 바다로 들어간다. 치수는 태산군 내무현의 원산原山 북쪽에서 나와 동쪽으로 박창현博昌縣에 이르러 제수濟水로 들어간다.

【索隱】 濰水出琅邪箕縣 北至都昌縣入海 淄水出泰山萊蕪縣原山北 東至博昌縣入濟也

정의 《괄지지》에는 "밀주密州·거현莒縣·유산濰山에서 유수가 나온다. 치주淄州 치천현淄川縣 동북쪽 70리의 원산原山이 치수가 나오는 곳이다."라고 했다. 세속에서 전하기는 "우禹임금이 치수의 공로를 완성하자 흙과 돌이 검어지고 몇 리 안의 물결이 칠漆처럼 검어졌으므로 치수淄水(검은 강)라고 일렀다."라고 한다.

【正義】 括地志云 密州莒縣濰山 濰水所出 淄州淄川縣東北七十里原山 淄水所出 俗傳云 禹理水功畢 土石黑 數里之中波若漆 故謂之淄水也

④土白墳海濱廣潟토백분해빈광석

집해 서광은 "석潟은 다른 곳에는 '택澤'으로 되어 있고 또 '척斥'으로 되어 있기도 하다."라고 했다.

【集解】 徐廣曰 一作澤 又作斥

신주 그곳의 흙은 희고 걸찬데 바닷가는 넓은 갯벌이라는 뜻이다.

⑤厥田斥鹵궐전척로

집해 정현은 "척斥은 땅에 소금기가 있는 것을 이른다."라고 말했다.
【集解】 鄭玄曰 斥謂地鹹鹵

색은 《설문說文》에는 '노鹵는 소금기가 있는 땅鹹地이다. 동방東方에서는 척斥이라 이르고 서방에서는 노鹵라고 이른다.'라고 했다.
【索隱】 鹵音魯 說文云 鹵 鹹地 東方謂之斥 西方謂之鹵

그곳의 밭은 상上에 하下급이었지만 세는 중상中上급으로 부과했다.① 그곳의 공물은 소금과 갈포와 해산물이 섞여 있었고,② 대산岱山(태산) 골짜기에서 나는 명주실과 모시(시枲)와 납鉛과 소나무와 괴석이었다.③ 내산萊山의 이족夷族들에게 목축을 하게 하고④ 산뽕나무 누에고치에서 실을 뽑아⑤ 그것을 바구니에 담아 바치게 했다. 문수汶水에서 배를 띄워 제수濟水로 통하게 했다.⑥
田上下 賦中上① 厥貢鹽絺 海物維錯② 岱畎絲 枲 鉛 松 怪石③ 萊夷 爲牧④ 其筐檿絲⑤ 浮於汶 通於濟⑥

①田上下賦中上전상하부중상

집해 공안국은 "밭은 제 3등급이고 세금은 제 4등급이다."라고 했다.

【集解】 孔安國曰 田第三 賦第四

②厥貢鹽絺海物維錯궐공염치해물유착

집해 공안국은 "치絺는 '가는 갈포'이다. 착錯은 '섞인 것'으로 한 종류가 아닌 것이다."라고 했다. 정현은 "해물은 해어海魚다. 생선의 종류가 더욱 잡다하게 섞인 것이다."라고 했다.

【集解】 孔安國曰 絺 細葛 錯 雜 非一種 鄭玄曰 海物 海魚也 魚種類尤雜

③岱畎絲枲鉛松怪石대견사시연송괴석

집해 공안국은 "견畎은 곡谷(골짜기)이다. 괴이한 좋은 돌은 옥과 같은 것이다. 대산岱山 골짜기에서 나는 이 다섯 가지의 사물은 모두 공물로 바치는 것이다."라고 했다.

【集解】 孔安國曰 畎 谷也 怪異好石似玉者 岱山之谷出此五物 皆貢之

④萊夷爲牧내이위목

집해 공안국은 "내이萊夷는 지명地名인데 가축을 놓아 기를 수 있다."라고 했다.

【集解】 孔安國曰 萊夷 地名 可以牧放

색은　살펴보니 《좌전》에는 내인萊人이 공자를 겁박하자 공자가 "이
夷는 중국을 어지럽히지 못한다."라고 말했고 또 "제후齊侯가 내萊를 정
벌했다."라고 말했는데, 복건은 동래東萊의 황현黃縣이 이곳이라고 여겼
다. 지금 살펴보니 〈지리지〉에 황현에 내산萊山이 있는데 아마도 곧 이
땅의 이夷(이민족)일 것이다.

【索隱】　按 左傳云萊人劫孔子 孔子稱 夷不亂華 又云 齊侯伐萊 服虔以爲
東萊黃縣是 今按 地理志黃縣有萊山 恐即此地之夷

⑤篚壓絲비염사

집해　공안국은 "염壓은 산누에고치의 실인데 거문고와 비파의 현絃
으로 쓰기 알맞은 것이다."라고 했다.

【集解】　孔安國曰 壓桑蠶絲中琴瑟弦

색은　《이아》에는 "염壓은 산뽕나무이다."라고 했다. 이것은 누에가
산뽕나무를 먹고 빼낸 실이다.

【索隱】　爾雅云 壓 山桑 是蠶食壓之絲也

신주　염壓과 염壓은 서로 통하는 글자로 산뽕나무란 뜻이다. 염壓에
는 술맛이 쓰다는 뜻도 있다.

⑥浮於汶通於濟부어문통어제

정현은 "〈지리지〉에 문수汶水는 태산의 내무현萊蕪縣 원산原山에서 나와 서남쪽으로 제수濟水로 들어간다."라고 말했다.

鄭玄曰 地理志汶水出泰山萊蕪縣原山 西南入濟

바다와 태산과 회수 사이가 서주徐州이다.[①] 회수와 기수를 다스리니 몽산蒙山과 우산羽山 지방에서도 씨를 뿌릴 수 있었다.[②] 대야호大野湖에 둑을 쌓으니[③] 동원東原 땅이 평탄하게 되었다.[④]

海岱及淮維徐州[①] 淮 沂其治 蒙 羽其藝[②] 大野旣都[③] 東原底平[④]

---

①海岱及淮維徐州해대급회유서주

집해 공안국은 "동쪽은 바다에 이르고 북쪽은 대岱에 이르고 남쪽은 회수淮水에 이른다."라고 했다.

【集解】 孔安國曰 東至海 北至岱 南及淮

②淮沂其治蒙羽其藝회기기치몽우기예

집해 정현은 "〈지리지〉에 기수沂水는 태산군 개현蓋縣에서 나온다. 몽蒙과 우羽는 두 산의 이름이다."라고 했다. 공안국은 "회수와 기수가 이미 다스려지니 몽산과 우산에 씨앗을 뿌릴 수 있었다."라고 했다.

【集解】 鄭玄曰 地理志沂水出泰山蓋縣 蒙 羽 二山名 孔安國曰 二水已治

二山可以種蓺

색은 《수경》에는 회수淮水는 남양군南陽郡 평지현平氏縣의 태잠산泰簪山에서 나와 동북쪽으로 동백산桐柏山을 거친다. 기수沂水는 태산군 개현의 애산艾山에서 나와 남쪽으로 하비현下邳縣을 지나 사수泗水로 들어간다. 몽산蒙山은 태산군 몽음현蒙陰縣 서남쪽에 있다. 우산羽山은 동해군 축기현祝其縣 남쪽에 있는데, 곤鯀을 처형한 곳이다.

【索隱】 水經云淮水出南陽平氏縣胎簪山 東北過桐柏山 沂水出泰山蓋縣艾山 南過下邳縣入泗 蒙山在泰山蒙陰縣西南 羽山在東海祝其縣南 殛鯀之地

③大野旣都대야기도

집해 정현은 "대야大野는 산양山陽 거야鉅野 북쪽에 있어서 거야택鉅野澤이라고 이름지었다."라고 했다. 공안국은 "물이 머물러 있는 곳을 도都라 한다."라고 했다.

【集解】 鄭玄曰 大野在山陽鉅野北 名鉅野澤 孔安國曰 水所停曰都

④東原底平동원저평

집해 정현은 "동원東原은 지명이다. 지금의 동평군東平郡이 곧 동원이다."라고 했다.

【集解】 鄭玄曰 東原 地名 今東平郡即東原

장화는 《박물지》에서 '연주兗州 동평군이 곧 《상서》의 동원이다.'라고 했다.

【索隱】 張華博物志云 兗州東平郡即尚書之東原也

정의 넓고 평평한 것을 원原이라 한다. 서주徐州는 동쪽에 있으므로 동원이라고 말했다. 물이 흘러가서 이미 평평한 곳에 다시 이르면 밭을 갈고 씨앗을 뿌리는 것이 가능한 것을 말한다.

【正義】 廣平曰原 徐州在東 故曰東原 水去已致平復 言可耕種也

그곳의 흙은 붉고 기름져서① 풀과 나무가 크게 자라 무성했다.② 그곳의 밭은 상上의 중中급인데 세는 중中의 중中으로 부과했다.③ 그곳의 공물로는 오색五色의 흙과④ 우산羽山 골짜기에서 나는 여름 꿩,⑤ 역산嶧山 남쪽 기슭에서 홀로 자라는 오동나무,⑥ 사수泗水가에서 나는 부경浮磬의 돌 따위였다.⑦ 회이淮夷(회수 가의 이족)는 진주와 물고기를 바쳤고,⑧ 검은 비단, 흰 실과 검은 실로 엮은 비단, 흰 비단도 그 바구니에 담아 바쳤다.⑨ 회수淮水나 사수泗水에서 배를 띄워⑩ 황하에 이르게 했다.

其土赤埴墳① 草木漸包② 其田上中 賦中中③ 貢維土五色④ 羽畎夏狄⑤ 嶧陽孤桐⑥ 泗濱浮磬⑦ 淮夷蠙珠臮魚⑧ 其篚玄纖縞⑨ 浮于淮 泗⑩ 通于河

①其土赤埴墳기토적치분

집해 　서광은 "치埴는 찰흙[黏土]이다."라고 했다.

【集解】 徐廣曰 埴 黏土也

②草木漸包초목점포

집해 　공안국은 "점漸은 길게 나아가는 것이고, 포包는 무더기로 자라는 것이다."라고 했다.

【集解】 孔安國曰 漸 長進 包 叢生也

③其田上中賦中中기전상중부중중

집해 　공안국은 "전田은 제2등급이고 세금은 제5등급이다."라고 했다.

【集解】 孔安國曰 田第二 賦第五

신주 　그곳의 밭은 상上에 중中이고 부세賦稅는 중中에 중中이다.

④貢維土五色공유토오색

집해 　정현은 "다섯 빛깔의 흙은 대사大社를 만들어서 봉封하는 곳이다."라고 했다.

【集解】 鄭玄曰 土五色者 所以爲大社之封

정의 《한시외전韓詩外傳》에 "천자사天子社는 너비가 5장五丈(50자)인데 동방은 청靑, 남방은 적赤, 서방은 백白, 북방은 흑黑이고 상모上冒는 황토黃土를 쓴다. 장차 제후를 봉할 때는 각 방향의 흙을 가져다 흰 띠풀로 싸서 사社를 만든다."라고 했다. 《태강지기太康地記》에는 "성양城陽의 고막姑幕에 다섯 빛깔의 흙이 있어서 제후를 봉할 때, 띠와 흙을 주어서 사社를 만들 때 사용하게 했다. 이 흙은 곧 우공禹貢 서주徐州의 흙이다. 지금은 밀주密州 거현莒縣에 소속되어 있다."라고 했다.

【正義】 韓詩外傳云 天子社廣五丈 東方靑 南方赤 西方白 北方黑 上冒以黃土 將封諸侯 各取方土 苴以白茅 以爲社也 太康地記云 城陽姑幕有五色土 封諸侯 錫之茅土 用爲社 此土即禹貢徐州土也 今屬密州莒縣也

⑤羽畎夏狄우견하적

집해 공안국은 "하적夏狄은 적狄이고 꿩의 이름이다. 꿩의 깃은 기와 그 기의 장식(정모旌旄)에 적합한데 우산羽山 계곡에 있다."라고 했다.

【集解】 孔安國曰 夏狄 狄 雉名也 羽中旌旄 羽山之谷有之

⑥嶧陽孤桐역양고동

집해 공안국은 "역산嶧山의 남쪽에 특별한 오동나무가 자라는데 거문고와 비파를 만드는데 알맞다."라고 했다. 정현은 "〈지리지〉에 역산은 하비下邳에 있다."라고 했다.

【集解】 孔安國曰 嶧山之陽特生桐 中琴瑟 鄭玄曰 地理志嶧山在下邳

정의 《괄지지》에서 말하길, "역산은 연주兗州 추현鄒縣 남쪽 22리
에 있다. 《추산기鄒山記》에는 '추산鄒山은 옛날 역산嶧山인데 서로 왕래
가 끊이지 않아서 연속된 것을 말한 것이다. 지금은 오히려 오동나무가
많다.'라고 했다." 살펴보니 지금 오동나무가 홀로 자라서 오히려 증명이
되는데, 거문고와 비파에 너무 치우친 것 같다.

【正義】 括地志云 嶧山在兗州鄒縣南二十二里 鄒山記云 鄒山 古之嶧山
言絡繹相連屬也 今猶多桐樹 按 今獨生桐 尚徵 一偏似琴瑟

⑦泗濱浮磬사빈부경

집해 공안국은 "사수泗水 물가 속에 돌이 보이는데 경磬(악기)을 만
드는데 좋다."라고 했다. 정현은 "사수는 제음濟陰의 승지현乘氏縣에서
나온다."라고 했다.

【集解】 孔安國曰 泗水涯水中見石 可以爲磬 鄭玄曰 泗水出濟陰乘氏也

정의 《괄지지》에는 '사수는 팽성彭城의 여량呂梁에 이르면 석경石磬
이 나온다.'라고 했다.

【正義】 括地志云 泗水至彭城呂梁 出石磬

⑧淮夷蠙珠皐魚회이빈주고어

집해 공안국은 "회수淮水와 이수夷水의 두 물에서는 빈주蠙珠(진주)
와 미어美魚가 나온다."라고 했다. 정현은 "회이淮夷는 회수 위의 이민夷

民(이족)이다.”라고 했다.

【集解】 孔安國曰 淮 夷二水 出蠙珠及美魚 鄭玄曰 淮夷 淮水之上夷民也

색은 상고해보니 《상서》에는 “조자회이, 서융병흥(徂茲淮夷, 西戎並興 : 지난번 회수의 이민족과 서쪽 이민족이 함께 흥하다)”이라고 했다. 지금 서주에서 회이淮夷를 말한 것은 정현의 해석이 뜻을 얻은 것이 된다. 빈蠙은 다른 본에는 ‘빈玭’으로 되어 있다. 고皐는 옛날 ‘기暨’ 자이다. 고皐는 ‘여與’이다. 이인夷人이 회수의 곳곳에 거처하고, 이곳에 빈주蠙珠와 물고기가 있다는 것을 말한다. 또 빈蠙은 ‘빈濱’으로 되어 있다. 빈濱은 물가이다.

【索隱】 按 尚書云 徂茲淮夷 徐戎並興 今徐州言淮夷 則鄭解爲得 蠙 一作 玭 並步玄反 皐 古暨 字 皐 與也 言夷人所居淮水之處 有此蠙珠與魚也 又 作 濱 濱畔也

⑨玄纖縞현섬호

집해 정현은 “섬纖은 ‘세細(가늘다)’이다. 제사복祭服의 재료는 가는 것을 높인다.”라고 했다.

【集解】 鄭玄曰 纖 細也 祭服之材尚細

정의 현玄은 ‘흑黑’이다. 섬纖은 ‘가늘다’ 호縞는 ‘흰 비단’이다. 가는 비단을 물들여 흑색으로 만드는 것이다.

【正義】 玄 黑 纖 細 縞 白繒 以細繒染爲黑色

신주　여기에서 현玄은 검은 비단을, 섬纖은 세로는 검은 실로, 가로
는 흰 실로 역은 비단을, 호縞는 흰 비단을 일컫는다.

⑩浮于淮泗부우회사

정의　《괄지지》에는 "사수泗水의 근원은 연주兗州 사수현 동쪽 배미
산陪尾산에 있다. 그 근원은 네 길이 있어서 사수라고 이름지었다."라고
했다.

【正義】 括地志云 泗水源在兗州泗水縣東陪尾山 其源有四道 因以爲名

양주와 형주의 물을 다스리다

회수淮水와 바다 사이가 양주揚州이다.^① 팽려라는 호수에 둑을
쌓으니 철새들이 살게 되었다.^② 세 갈래의 물줄기가 바다로 흘
러들어 가니^③ 진택震澤의 못물이 일정해졌다.^④ 호숫가에는 굵고
가는 대나무가 잘 자랐으며,^⑤ 풀은 우거지고 나무는 높이 뻗어
올랐는데,^⑥ 그곳의 흙은 진흙이었다. 경전의 등급은 하下의 하
下요, 부세는 하下의 상上이며 중中의 하下도 섞여 있었다.^⑦

淮海維揚州^① 彭蠡既都 陽鳥所居^② 三江既入^③ 震澤致定^④ 竹箭既布^⑤
其草惟夭 其木惟喬^⑥ 其土塗泥 田下下 賦下上上雜^⑦

①淮海維揚州회해유양주

<u>집해</u> 공안국은 "북쪽은 회수에 의지하고 남쪽은 바다에 이르렀다."

라고 했다.

【集解】 孔安國曰 北據淮 南距海

②彭蠡旣都陽鳥所居팽려기도양조소거

집해　 정현은 "〈지리지〉에 팽려택彭蠡澤은 예장豫章 팽택 서쪽에 있다."라고 했다. 공안국은 "양陽을 따르는 철새로, 기러기 무리들은 겨울철에 이 못에서 산다."고 했다.

【集解】 鄭玄曰 地理志彭蠡澤在豫章彭澤西 孔安國曰 隨陽之鳥 鴻鴈之屬 冬月居此澤也

색은　 도都는《고문상서》에는 '저豬'로 되어 있다. 공안국은 "물이 머물러 있는 '저豬(방죽)'이다."라고 했다. 정현은 "남방에서는 도시를 저豬라고 이른다."라고 했으니 곧 이는 물이 모이는 곳을 뜻한 것이다.

【索隱】 都 古文尚書作 豬 孔安國云 水所停曰豬 鄭玄云 南方謂都爲豬 則是水聚會之義

정의　 蠡는 '예禮'로 발음한다.《괄지지》에는 "팽려호는 강주江州 심양현潯陽縣 동남쪽 52리에 있다."라고 했다.

【正義】 蠡音禮 括地志云 彭蠡湖在江州潯陽縣東南五十二里

③三江旣入삼강기입

위소는 "삼강三江은 송강松江, 전당강錢唐江, 포양강蒲陽江이다."라고 했다. 지금 살펴보니 〈지리지〉에 남강南江, 중강中江, 북강北江이 있는데 이것이 삼강三江이다. 그 남강은 회계會稽의 오현吳縣 남쪽을 따라 동쪽 바다로 들어간다. 중강은 단양丹陽 무호현蕪胡縣 서남쪽을 따라 동쪽으로 회계 양선현陽羨縣에 이르러 바다로 들어간다. 북강은 회계 비릉현毗陵縣의 북쪽을 따라 동쪽으로 바다로 들어간다. 따라서 아래 문장에 '동위중강東爲中江'이라고 했고 또 '동위북강東爲北江'이라고 했다. 공안국은 "북이 있고 중앙이 있으면 남쪽을 알 수 있다."라고 했다.

【索隱】 韋昭云 三江謂松江 錢唐江 浦陽江 今按 地理志有南江 中江 北江 是爲三江 其南江從會稽吳縣南 東入海 中江從丹陽蕪湖縣西南 東至會稽 陽羨縣入海 北江從會稽毗陵縣北 東入海 故下文 東爲中江 又 東爲北江 孔 安國云 有北有中 南可知也

④震澤致定진택치정

집해 공안국은 "진택震澤은 오吳 남쪽의 큰 호수[太湖] 이름이다. 세 강이 이미 들어가니 안정되어 진택震澤이 되었다고 말했다."라고 했다.

【集解】 孔安國曰 震澤 吳南太湖名 言三江已入 致定爲震澤

색은 진震은 '진振'으로도 되어 있다. 〈지리지〉에 회계의 오현은 "옛날 주周나라 태백泰伯을 봉한 나라이고 구구具區가 그 서쪽에 있어서 고문古文에는 진택震澤이라고 했다."라고 했다. 또 《좌전》에서 '입택笠

澤'이라고 일컬은 곳이 또한 이곳을 이른 것이다.

【索隱】 震 一作 振 地理志會稽吳縣 故周泰伯所封國 具區在其西 古文以 爲震澤 又左傳稱 笠澤 亦謂此也

정의   택澤은 소주蘇州 서남쪽 45리에 있다. 삼강三江은 소주蘇州 동남쪽 30 리에 있는데 이름이 삼강구三江口이다. 한 강은 서남쪽으로 70 리를 올라오면 태호太湖에 이르는데, 이름이 송강이며 옛날의 입택강笠澤江이다. 한 강은 동남쪽으로 70리를 올라서 백현호白蜆湖에 이르는데 이름이 상강上江이며 또한 동강東江이라고 한다. 한 강은 동북쪽에서 300여 리를 내려가 바다로 들어가는데 이름이 하강下江이며, 또한 누강婁江이라고도 했다. 그 나누어진 곳의 이름이 삼강구三江口이다.

고이顧夷의 《오지기吳地記》에는 "송강은 동북쪽으로 70리를 가면 삼강구에 다다른다. 동북쪽에서 바다로 들어가는 것이 누강이고 동남쪽에서 바다로 들어가는 것은 동강이 되고 송강과 나란히 하는 것이 삼강이 된다."라고 한 것이 이것이다. 이 삼강을 다스려서 바다로 들어가게 한 것을 말한 것이지 진택으로 들어가는 것은 아니다.

살펴보니 태호太湖 서남쪽 호주湖州의 여러 계곡이 천목산天目山을 따라 흘러드는데, 서북쪽 선주宣州의 여러 산에도 계溪(시내)가 있어서 함께 태호로 들어간다. 태호는 동북쪽으로 흘러 각각 삼강구에 이르러 바다로 들어간다. 그 호수(진택)는 팽려호와 태호를 통과하지 못하고 나란히 산과 육지로 막혀 있다. 여러 유학자와 〈지리지〉 등에서 '삼강기입 三江既入'(삼강이 모두 들어간다)'으로 해석한 것은 모두 잘못된 것이다.

《주례》 직방씨職方氏에는 "양주의 택수澤藪(호수)는 구구具區이고 강

川은 삼강三江이다."라고 했다. 살펴보니 오호五湖와 삼강에 대한 위소韋昭의 주석이 틀렸다. 그 근원이 모두 태호에 통하지 않는데 '삼강기입'을 풀이한 것은 그 실상을 잃고 멀어진 것이다. 오호는 능호菱湖·유호游湖·막호莫湖·공호貢湖·서호胥湖이고 모두 태호 동쪽 언덕이며, 다섯 곳의 물 굽이진 곳이 오호인데, 대개 옛날에는 나누어져 있었지만 지금은 함께 서로 이어져 있다.

능호菱湖는 막리산莫釐山 동쪽에 있는데 둘레 30리를 돌면 서쪽 입구가 2리 넓어지는데 그 입구 남쪽이 막리산이고 북쪽이 서후산徐侯山이며 서쪽은 막호莫湖로 연결된다. 막호는 막리산 서쪽과 북쪽에 있으며 북쪽은 서호胥湖와 연결된다. 서호胥湖는 서산胥山 서쪽에 있으며 남쪽이 막호와 연결되는데, 각각 둘레를 50~60리 돌면 서쪽 태호와 연결된다. 유호는 북쪽 20리에 있는데 장산長山 동쪽에서 호수의 서쪽 입구가 2리로 넓어진다. 그 입구 동남쪽 언덕에 수리산樹里山이 있고 서북쪽 언덕에는 장산長山이 있는데 호수의 둘레는 50~60여 리다. 공호貢湖는 장산長山 서쪽에 있는데 그 입구는 4~5리로 넓으며 입구 동남쪽에는 장산이 있는데, 장산 남쪽이 곧 산양촌山陽村이며 서북쪽은 상주常州 무석현無錫縣 노안老岸과 이어진다. 호수 둘레는 190리 이상이며 호수의 몸체는 동북쪽으로 향해 있고, 길이는 70여 리이다. 두 호수의 서쪽 역시 태호로 이어진다.

《사기》〈하거서河渠書〉에는 "오吳에서는 하천 [거渠]의 도랑이 곧 삼강과 오호로 통한다."라고 했다. 《사기》〈화식전貨殖傳〉에는 "대저 오吳에는 삼강과 오호의 잇점이 있다."라고 했다. 또 《태사공자서전》에 "고소대姑蘇臺에 올라 오호를 바라보았다."라고 한 것이 이것이다.

【正義】 澤在蘇州西南四十五里 三江者 在蘇州東南三十里 名三江口 一江西南上七十里至太湖 名曰松江 古笠澤江 一江東南上七十里至白蜆湖 名曰上江 亦曰東江 一江東北下三百餘里入海 名曰下江 亦曰婁江 於其分處 號曰三江口 顧夷吳地記云 松江東北行七十里 得三江口 東北入海爲婁江 東南入海爲東江 并松江爲三江 是也 言理三江入海 非入震澤也 按 太湖西南湖州諸溪從天目山下 西北宣州諸山有溪 並下太湖 太湖東北流 各至三江口入海 其湖無通彭蠡湖及太湖處 並阻山陸 諸儒及地志等解 三江既入 皆非也 周禮職方氏云 揚州藪曰具區 川曰三江 按 五湖 三江者 韋昭注非也 其源俱不通太湖 引解 三江既入 失之遠矣 五湖者 菱湖 游湖 莫湖 貢湖 胥湖 皆太湖東岸 五灣爲五湖 蓋古時應別 今並相連 菱湖在莫釐山東 周迴三十餘里 西口闊二里 其口南則莫釐山 北則徐侯山 西與莫湖連 莫湖在莫釐山西及北 北與胥湖連 胥湖在胥山西 南與莫湖連 各周迴五六十里 西連太湖 游湖在北二十里 在長山東 湖西口闊二里 其口東南岸樹里山 西北岸長山 周迴五六十里 貢湖在長山西 其口闊四五里 口東南長山 山南即山陽村 西北連常州無錫縣老岸 湖周迴一百九十里已上 湖身向東北 長七十餘里 兩湖西亦連太湖 河渠書云 於吳則通渠三江 五湖 貨殖傳云 夫吳有三江 五湖之利 又太史公自敍傳云 登姑蘇 望五湖 是也

⑤竹箭既布죽전기포

집해 공안국은 "물이 제거되면 가는 대와 굵은 대가 번져 자랐다." 라고 했다.

【集解】 孔安國曰 水去布生

⑥其草惟夭其木惟喬기초유요기목유교

집해 조금 자란 것[少長]을 '요夭'라고 한다. '교喬'는 높게 자란 것
[高]이다.

【集解】 少長曰夭 喬 高也

塗泥도니

집해 마융은 "도니塗泥는 점漸(적시다)이고 여洳(습한 땅)이다."라고
했다.

【集解】 馬融曰 漸 洳也

⑦田下下賦下上上雜전하하부하상상잡

집해 공안국은 "전田은 9등급이고 조세는 7등급인데 섞어서 6등급
을 내기도 한다."라고 했다.

【集解】 孔安國曰 田第九 賦第七 雜出第六

신주 밭의 등급은 9등급 중 하下의 하下이고 그 부세는 하下의 상
上인데, 중中의 하下도 섞여 있다는 뜻이다.

그곳의 공물로는 금金·은銀·동銅 세 가지①와 요瑤·곤琨이라
는 구슬, 가늘고 굵은 대나무,② 상아齒, 짐승의 가죽革, 새의 깃
털羽, 소의 꼬리털旄이었다.③ 도이족島夷族은 풀로 만든 옷을 입
었는데,④ 그 공물로 바구니에 조개무늬 비단을 담고,⑤ 보자기에
귤과 유자柚子를 싸서 바쳤다.⑥ 강과 바다를 따라 오르면 회수
淮水와 사수泗水에 이르게 된다.⑦

貢金三品① 瑤 琨 竹箭② 齒 革 羽 旄③ 島夷卉服④ 其篚織貝⑤ 其包橘
柚錫貢⑥ 均江海 通淮 泗⑦

①貢金三品공금삼품

집해 공안국은 "금金, 은銀, 동銅이다."라고 했다. 정현은 "동銅이 세
가지 색이다."라고 했다.

【集解】 孔安國曰 金 銀 銅 鄭玄曰 銅三色也

신주 세 가지의 쇠붙이이다. 곧 금, 은, 동이 모두 생산되는 지역이란
뜻이다.

②瑤琨竹箭요곤죽전

집해 공안국은 "요瑤와 곤琨은 모두 아름다운 옥이다."라고 했다.

【集解】 孔安國曰 瑤 琨 皆美玉也

③齒革羽旄치혁우모

集해 공안국은 "상아이빨[象齒], 물소가죽[犀皮], 새의 깃[鳥羽], 모우의 꼬리털[旄牛尾]이다."라고 했다.

【集解】 孔安國曰 象齒 犀皮 鳥羽 旄牛尾也

정의 《주례》〈고공기周禮考工記〉에 "서갑犀甲(물소 가죽)은 일곱 미늘七屬로 만들고, 시갑兜甲(외뿔소 가죽)은 여섯 미늘六屬로 만든다."고 했다. 곽박은 "물소는 수우水牛와 비슷하고 돼지 머리[豬頭]에 배는 크고 다리는 짧고 뿔은 둥글고 길쭉한데 가시를 먹는 것을 좋아한다. 또 뿔이 하나인 것도 있다."라고 했다. 살펴보니 서남이西南夷에서 항상 모우미旄牛尾(얼룩소꼬리)를 공물로 바치는데 정기旌旗의 장식을 만들었다. 《서경》이나 《시경》에서는 모두 '모旄' 자라고 일렀다. 그러므로 《상서》(서경)에는 "오른쪽에 백모白旄를 잡다."라고 했고 《시경》에는 "기를 세우고 깃대장식을 베푸네."라고 한 것이 다 이 소를 일컫는 것이다.

【正義】 周禮考工記云 犀甲七屬 兕甲六屬 郭云 犀似水牛 豬頭 大腹 庳脚 橢角 好食棘也 亦有一角者 按 西南夷常貢旄牛尾 爲旌旗之飾 書詩通謂之 旄 故尚書云 右秉白旄 詩云 建旐設旄 皆此牛也

④島夷卉服도이훼복

집해 공안국은 "남해도이南海島夷(남해 섬에 사는 이민족)는 풀 옷을 입는데 칡과 부들[葛越]로 만든다."라고 했다.

【集解】 孔安國曰 南海島夷草服葛越

정의 《괄지지》에는 "백제국 서남쪽 발해 안에는 큰 섬이 15곳이 있는데 읍락邑落에는 모두 사람이 살고 있으며 백제에 속해 있다."라고 했다. 또 왜국倭國은 당唐의 무황후武皇后(측천무후)가 일본국이라고 고쳤는데 백제 남쪽에 있고 바다를 사이에 두고 섬에 의지해 사는데 무릇 100여 개의 작은 나라이다. 이는 모두 양주揚州 동쪽 도이島夷(섬에 사는 이민족)이다. 살펴보니 동남의 이夷는 풀로 옷을 만들어 입는데 칡과 부들이며 초죽焦竹의 종류다. 활越은 곧 저기苧祈(모시풀)이다.

【正義】 括地志云 百濟國西南渤海中有大島十五所 皆邑落有人居 屬百濟 又倭國 武皇后改曰日本國 在百濟南 隔海依島而居 凡百餘小國 此皆揚州之東島夷也 按 東南之夷草服葛越 焦竹之屬 越即苧祈也

신주 백제의 위치에 대해서 〈오제본기〉 제순帝舜 조에서 이미 살펴봤는데, 여기에는 양주揚州라는 기준이 되는 지역이 덧붙여져 있다. 당나라 때 양주揚州는 장강長江(양자강) 동쪽 입구 근처의 도시이다. 이 구절은 백제가 양자강 유역에도 강역을 갖고 있었음을 시사한다. 《삼국사기》 〈최치원열전〉에는 최치원이 당나라 태사시중太師侍中에게 보낸 글에 "고구려와 백제의 전성기 때에는 강한 군사가 백만이어서 남쪽으로는 오吳·월越나라를 침공했고, 북으로는 유주幽州와 연燕·제齊·노魯나라를 어지럽게 해서 중국의 큰 우환이 되었습니다."라고 썼다. 고구려는 유주幽州(북경 일대)·연燕(하북성)·제齊(산동반도)·노魯(산동반도)를 공격하고 백제는 오吳·월越을 침공했다는 이야기인데, 양주는 오나라에 속해 있었다. 당나라 위왕魏王 이태李泰(서기 618~653년)가 임금에게 주청해 편찬한《괄지지》에 나오는 백제의 중국 남부경략설은《삼국사기》〈최치원열전〉에 의해서도 뒷받침된다. 또한《북사》〈사이四夷열전〉백제 조에는 "(백제는) 진·송·제·양晉宋齊梁나라 때 강 왼쪽을 차지했다[自晉, 宋, 齊, 梁據江左]."라고 나오는데, 강 왼쪽과 오른쪽을 차지했다고 쓴 판본들도 여럿 있다. 여기의 강은 양자강을 뜻하는데, 이 역시 백제가 대륙 북부와 남부에도 있었음을 말해주는 기록들이다.

⑤織貝직패

집해 공안국은 "직織은 고운 비단이다. 패貝는 수산물이다."라고 했다. 정현은 "패貝는 비단 이름이다.《시경》에서 "성시패금成是貝錦"(조개 무늬 비단을 짜네)이라고 했다. 무릇 직織(비단을 짜는 것)은 먼저 그 실을 물들이는 것인데, 비단을 짜는 것은 백제에 속해 있다."고 했다. 또 왜국은 무항후武皇后(측천무후)가 고쳐서 문文을 이뤘다고 했다.

【集解】 孔安國曰 織 細繒也 貝 水物也 鄭玄曰 貝 錦名也 詩云 成是貝錦 凡織者 先染其絲 織之屬百濟 又倭國 武皇后改即成文矣

신주 측천무후가 왜국의 국명을 일본으로 고쳤다는 뜻이다.

⑥其包橘柚錫貢기포귤유석공

공안국은 "작은 것은 귤橘이고 큰 것은 유柚이다. 석錫(주석)은 명령하면 바치는 것이지 일상적이지 않다는 것이다."라고 했다. 정현은 "내려주는 것이 있어야 바치는 것이 있는데, 혹 당시 궁핍하면 공물을 바치지 않기도 했다. 석錫은 쇠붙이(금金)를 부드럽게 한 것이다."라고 했다.

【集解】 孔安國曰 小曰橘 大曰柚 錫命乃貢 言不常也 >鄭玄曰 有錫則貢之 或時乏則不貢 錫 所以柔金也

⑦均江海通淮泗연강해통회사

집해 정현은 "均은 '연沿'으로 읽는다. 연沿은 물길을 따라서 가는 것이다."라고 했다.

【集解】 鄭玄曰 均 讀曰沿 沿 順水行也

신주 강수와 바다를 따라 오르면 회수와 사수에 이르게 된다는 뜻이다.

형산荊山과 형산衡山의 남쪽 기슭 사이가 형주荊州이다.[①] 강수
江水와 한수漢水를 합류시켜 바다로 흘러들게 하니[②] 아홉 가닥
의 물줄기가 크게 바로잡히고,[③] 타수沱水와 잠수涔水가 소통하
게 되니[④] 운택雲澤이 바닥을 드러내고 몽택夢澤의 물도 다스려
졌다.[⑤]

荊及衡陽維荊州[①] 江 漢朝宗于海[②] 九江甚中[③] 沱 涔已道[④] 雲土 夢
爲治[⑤]

①荊及衡陽維荊州형급형양유형주

집해 공안국은 "북쪽으로 형산荊山에 의지하고 남쪽은 형산衡山의
남쪽에 이른다."라고 했다.
【集解】 孔安國曰 北據荊山 南及衡山之陽

②江漢朝宗于海강한조종우해

집해 공안국은 "강수江水와 한수漢水의 두 강이 이 주州(형주)를 거
쳐서 바다로 들어가는데 조회하는 것과 유사하게 온갖 하천이 바다를
종宗으로 삼는다. 종宗은 존尊(높이다)이다."라고 했다.
【集解】 孔安國曰 二水經此州而入海 有似於朝 百川以海爲宗 宗 尊也

정의 《괄지지》에서 이르기를, "강수江水는 근원이 민주岷州 남쪽 민산岷山에서 나와 남쪽으로 흐르는데, 익주益州에 이르러 곧 동남쪽으로 흘러서 촉蜀으로 들어오고, 노주瀘州에 이르러서 동쪽으로 흘러 삼협三硤을 지나고 형주荊州를 지나 한수漢水와 합쳐진다. 《손경자孫卿子》에는 '강수는 그 기원이 술잔을 띄울 정도다.'라고 했다." 또 이르기를 "한수의 근원은 양주梁州 금우현金牛縣 동쪽 28리 파총산嶓冢山에서 나온다."라고 했다.

【正義】 括地志云 江水源出岷州南岷山 南流至益州 即東南流入蜀 至瀘州東流經三硤 過荊州 與漢水合 孫卿子云 江水其源可以濫觴也 又云 漢水源出梁州金牛縣東二十八里嶓冢山

신주 강수와 한수를 합류시켜 바다로 흘러들게 했다는 뜻이다. 남상濫觴은 잔을 띄울 정도로 적은 물을 뜻한다.

③九江甚中구강심중

집해 공안국은 "강수江水는 이 주州의 경계에서 아홉 물길로 갈라져 지세에 매우 알맞게 된다."라고 했다. 정현은 "〈지리지〉에 구강九江은 심양尋陽의 남쪽에 있는데 모두 동쪽에서 합해서 큰 강이 된다."라고 했다.

【集解】 孔安國曰 江於此州界 分爲九道 甚得地勢之中 鄭玄曰 地理志九江在尋陽南 皆東合爲大江

색은 살펴보니 《심양기尋陽記》에 구강은 오강烏江·방강蚌江·오백강

烏白江·가비강嘉靡江·사강沙江·견강畎江·늠강廩江·제강隄江·균강箘
江이다. 또 장정張滇의 《구강도九江圖》에는 삼리三里·오견五畎·오토烏
土·백방白蚄으로 기재되어 있다. 구강의 이름이 같지 않다.

【索隱】 按 尋陽記九江者 烏江 蚄江 烏白江 嘉靡江 沙江 畎江 廩江 隄江
箘江 又張滇九江圖所載有三里 五畎 烏土 白蚄 九江之名不同

④沱涔已道타잠이도

집해 공안국은 "타沱는 강의 다른 이름이다. 잠涔은 물 이름이다."
라고 했다. 정현은 "물이 강수에서 나와 타수沱水가 되고 한수漢水에서
나와 잠수涔水가 된다."라고 했다.

【集解】 孔安國曰 沱 江別名 涔 水名 鄭玄曰 水出江爲沱 漢爲涔

색은 잠涔은 또 잠潛으로 쓴다. 타수沱水는 촉군蜀郡 비현郫縣 서쪽
에서 나와 동쪽 강수로 들어간다. 잠수潛水는 한중漢中 안양현安陽縣
서남쪽에서 나와 북쪽으로 한수로 들어간다. 그래서 《이아》에는 "물이
강수에서 나와 타수沱水가 되고, 한수에서 나와 잠수潛水가 된다."라고
했다.

【索隱】 涔 亦作 潛 沱出蜀郡郫縣西 東入江 潛出漢中安陽縣 直西南 北入
漢 故爾雅云 水自江出爲沱 漢出爲潛

정의 《괄지지》에서 말하길, "번강수繁江水는 비강郫江을 받아들인
다. 《서경》〈우공禹貢〉에는 '민산岷山에서 강수江水를 인도해서 동쪽에

서 갈라서 타수沱水를 만든다.'라고 했는데, 근원은 익주益州 신번현新繁縣에서 나온다. 잠수潛水는 일명 복수復水라고 하는데 지금은 이름이 용문수龍門水이며 근원은 이주利州 면곡현縣谷縣 동쪽 용문산龍門山의 큰 돌 구멍 아래에서 나온다."

【正義】 括地志云 繁江水受郫江 禹貢曰 岷山導江 東別爲沱 源出益州新繁縣 潛水一名復水 今名龍門水 源出利州縣谷縣東龍門山大石穴下也

⑤雲土夢爲治운토몽위치

집해　공안국은 "운몽택雲夢澤(운몽 호수)은 강수江水 남쪽에 있고 그 안에는 평토구平土丘가 있어 물을 제거하고 밭도랑과 밭이랑을 만들어 경작할 수 있다."고 했다.

【集解】 孔安國曰 雲夢之澤在江南 其中有平土丘 水去可爲耕作畎畝之治

색은　몽夢은 '몽瞢'으로도 쓴다. 추탄생은 발음이 '몽蒙'이라고 했다. 살펴보니 운토雲土와 몽夢은 본래 2개의 택澤(호수) 이름인데 대개 사람들은 두 택澤이 서로 가깝게 있기 때문에 혹은 합해서 운몽雲夢이라고 일컬을 뿐이다. 지식인들은 《좌전》에 "초楚나라 자작子爵이 강수를 건너서 운몽으로 들어갔다, 또 초나라의 자작과 정鄭나라의 백작이 강수의 남쪽 몽夢에서 사냥했다."고 한 것에 의거해서, 이는 2개의 택澤(호수)을 각각 구분한 것이라고 했다. 위소韋昭는 "운토雲土는 지금 현이 되었는데 강하江夏 남군南郡 화용華容에 속해 있다."라고 했다. 지금 살펴보니 〈지리지〉에는 강하江夏에는 운두현雲杜縣이 있다고 했는데, 이곳이 그 땅이다.

【索隱】 夢一作 瞢 鄒誕生又音蒙 按 雲土 夢本二澤名 蓋人以二澤相近 或合稱雲夢耳 知者 據左傳云楚子濟江入于雲中 又楚子 鄭伯田于江南之夢 則是二澤各別也 韋昭曰 雲土今爲縣 屬江夏南郡華容 今按 地理志云江夏有雲杜縣 是其地

그곳의 땅은 진흙이 많아 밭은 하下의 중中급이나 부세賦稅는 상上의 하下급이었다.① 그곳의 공물로는 새의 깃털[羽], 소의 꼬리털[旄], 상아[齒], 가죽革, 금삼품金三品(금·은·동), 참나무(춘杶), 산뽕나무(간幹), 향나무(괄栝), 잣나무(백柏)②, 거친 숫돌(려礪)·고운 숫돌(지砥), 화살촉 만드는 돌(노砮), 단사丹砂 등이었고③ 조리대인 균箘, 노簬와 화살대를 만드는 나무 호楛는④ 세 나라에서 공물로 바쳐 유명했다.⑤

其土塗泥 田下中 賦上下① 貢羽 旄 齒 革 金三品 杶 榦 栝 柏② 礪 砥 砮 丹③ 維箘簬 楛④ 三國致貢其名⑤

①田下中賦上下전하중부상하

집해 공안국은 "전田은 8등급이고 세금은 3등급이다."라고 했다.

【集解】 孔安國曰 田第八 賦第三

②栒簳栝柏춘간괄백

【집해】 정현은 "네 나무의 이름이다."라고 했다. 공안국은 "간簳은 산뽕나무(자栝)이다. 잣나무 잎에 소나무 몸체와 같은 것은 괄栝(노송나무)이다."라고 했다.

【集解】 鄭玄曰 四木名 孔安國曰 簳 柘也 栝葉松身曰栝

【신주】 춘栒은 수레를 만드는데 사용하는 참나무이고, 간簳은 활을 만드는데 사용하는 산뽕나무이고 괄栝은 노송나무이고 백柏은 잣나무이다.

③礪砥砮丹여지노단

【집해】 공안국은 "지砥는 여礪보다 가는 것이며 모두 마석磨石(가는 돌)이다. 노砮는 화살촉에 알맞은 돌이다. 단丹은 주류朱類(붉은 단사)이다."라고 했다.

【集解】 孔安國曰 砥細於礪 皆磨石也 砮 石中矢鏃 丹 朱類也

【신주】 여礪는 거친 숫돌, 지砥는 고운 숫돌이고, 노砮는 살촉인데 여기서는 살촉을 만드는데 쓰이는 돌이다. 단丹은 단사丹砂로서 붉은 색의 원료로 쓰인다.

④箘簬楛균로호

집해 서광은 "다른 본에는 '전족간箭足杆'으로 되어 있다. 간杆은 곧 호楛인데, '호怙'로 발음한다. 전족箭足이란 화살촉이다. 어떤 이는 전족箭足을 균로箘簵라는 뜻으로 해석하기도 하는가?"라고 했다. 배인이 살펴보니 정현이 말한 "균로箘簵는 영풍聆(대나무 이름)이다."라고 했다.

【集解】 徐廣曰 一作 箭足杆 杆即楛也 音怙 箭足者 矢鏃也 或以箭足訓釋 箘簵乎 駰案 鄭玄曰 箘簵 聆風也

신주 균箘(화살대), 노簵(화살대)는 모두 화살대를 만드는 대나무이고, 호楛도 화살대를 만드는데 적합한 나무이다.

⑤三國致貢其名삼국치공기명

집해 마융은 "균로箘簵와 호楛는 세 나라에서 바치는 공물인데, 좋다고 이름났다."라고 했다.

【集解】 馬融曰 言箘簵 楛三國所致貢 其名善也

가시 있는 띠 풀을 보자기로 싸고 동여맸으며,① 바구니에는 검은 비단과 붉은 비단, 구슬과 수실 달린 끈을 담아 바쳤으며,② 구강九江에서는 공물로 큰 거북을 바쳤다.③ 강수江水·타수沱水 잠수潛水·한수漢水에 배를 띄워 낙수雒水를 넘어 남쪽 황하에 이르렀다.

包匭菁茅① 其篚玄纁璣組② 九江入賜大龜③ 浮于江 沱 潛 (于)漢 踰 于雒 至于南河

신주　형주의 물은 장강의 물줄기인데, 황하의 물줄기인 낙수와 물길로 이어지지 못하므로, '踰于雒'이라는 표현을 썼다. 한수漢水 등의 물줄기에서 내려 다시 땅의 길을 통해 낙수로 들어가서 배를 띄운다는 것이다. 이하 모두 마찬가지다.

①包匭菁茅포궤청모

집해　정현은 "궤匭는 '동여매다'는 뜻이다. 청모菁茅는 띠풀에 가시가 달려 있는 것인데, 종묘에 공급해서 술을 거르는 것이다. 이를 중요하게 여겼으므로 싸고 또 동여매었다."라고 했다.

【集解】 鄭玄曰 匭 纏結也 菁茅 茅有毛刺者 給宗廟縮酒 重之 故包裹又纏結也

정의 《괄지지》에는 "진주辰州 노계현盧溪縣 서남쪽 350리에 포모산包茅山이 있다."고 했다. 《무양기武陽記》에는 "산 변두리에서 포모包茅가 나는데, 가시가 세 곳의 등마루에 있으므로 포모산包茅山이라고 이름지었다.'라고 했다.

【正義】 括地志云 辰州盧溪縣西南三百五十里有包茅山 武陽記云 山際出 包茅 有刺而三脊 因名包茅山

②玄纁璣組현훈기조

집해 공안국은 "이 주州에서 검은 비단과 붉은 비단을 염색하면 색깔이 곱다. 그러므로 공물로 바친다. 기璣는 구슬 종류인데 물속에서 나온다. 조組는 인끈(수綏) 종류이다."라고 했다.

【集解】 孔安國曰 此州染玄纁色善 故貢之 璣 珠類 生於水中 組 綬類也

신주 纁(분홍비단 훈), 璣(구슬 기)

③入賜大龜입사대구

집해 공안국은 "한 자 두 치를 대귀大龜(큰 거북)라고 하는데 구강九江의 물속에서 나온다. 거북은 항상 사용하지 않고 명을 내릴 때만 들이게 한다."라고 했다.

【集解】 孔安國曰 尺二寸曰大龜 出於九江水中 龜不常用 賜命而納之

예주와 양주의 물을 다스리다

형산荊山과 황하黃河 사이가 예주豫州이다.① 이수伊水·낙수雒
水· 전수瀍水·간수澗水의 물을 황하로 빠지게 하고② 형파榮播
호수의 둑을 쌓았으며,③ 하택荷澤으로 가는 물길을 명도明都로
끌어들였다.④

荊河惟豫州① 伊雒瀍澗旣入于河② 榮播旣都③ 道荷澤 被明都④

①荊河惟豫州형하유예주

집해 공안국은 "서남쪽으로 형산荊山에 이르고 북쪽으로 하수河水
에 이른다."라고 했다.

【集解】 孔安國曰 西南至荊山 北距河水

《괄지지》에서 말하길, "형산荊山은 양주襄州 형산현 서쪽 80리에 있다. 《한자韓子》에는 '변화卞和가 초楚나라 형산에서 옥박玉璞(다듬지 않은 옥)을 얻은 곳이 곧 이곳이다.'라고 했다." 하河는 낙주洛州의 북쪽 하수河水이다.

【正義】 括地志云 荊山在襄州荊山縣西八十里 韓子云 卞和得玉璞於楚之荊山 即此也 河 洛州北河也

②伊雒瀍澗既入于河이락전간기입우하

집해 공안국은 "이수伊水는 육혼산陸渾山에서 나온다. 낙수洛水는 상락산上洛山에서 나온다. 간수澗水는 민지산澠池山에서 나온다. 전수瀍水는 하남河南의 북산에서 나오는데, 4개의 물이 합류해서 하수河水로 흘러들어간다."라고 했다.

【集解】 孔安國曰 伊出陸渾山 洛出上洛山 澗出澠池山 瀍出河南北山 四水合流而入河

색은 이수는 홍농弘農 노지현盧氏縣의 동쪽에서 나온다. 낙수는 홍농弘農 상락현上洛縣 총령산冢領山에서 나온다. 전수는 하남의 곡성현穀城縣 체정醬亭 북쪽에서 나온다. 간수는 홍농의 신안현新安縣 동쪽에서 나와 모두 하수河水로 흘러들어간다.

【索隱】 伊水出弘農盧氏縣東 洛水出弘農上洛縣冢領山 瀍水出河南穀城縣醬亭北 澗水出弘農新安縣東 皆入于河

《괄지지》에는 "이수는 괵주虢州 노지현 동만산東蠻山에서 나와 동북쪽으로 흘러 낙수洛水로 들어간다. 낙수는 상주商州 낙남현洛南縣 총령산冢領山에서 나와서 동쪽으로 낙주의 성곽 안을 경유해서 또 동쪽 이수와 합쳐진다. 전수는 낙주 신안현 동쪽에서 나와 남쪽으로 흘러 낙주의 성곽 안에 이르러 남쪽에서 낙수로 들어간다. 간수澗水의 근원은 낙주 신안현 동쪽 백석산白石山에서 나와 동북쪽으로 곡수穀水와 합해서 흘러 낙주의 성곽 안을 거쳐서 동쪽으로 흘러 낙수로 들어간다." 라고 했다.

【正義】 括地志云 伊水出虢州盧氏縣東蠻山 東北流入洛 洛水出商州洛南縣冢領山 東流經洛州郭內 又東合伊水 瀍水出洛州新安縣東 南流至洛州郭內 南入洛 澗水源出洛州新安縣東白石山 東北與穀水合流 經洛州郭內 東流入洛也

③滎播既都형파기도

집해 공안국은 "형滎은 택명澤名(호수이름)이다. 흐르는 물이 멈추면 막혀서 도都를 만든다."라고 했다.

【集解】 孔安國曰 滎 澤名 波水已成遏都

색은 《고문상서》에는 '滎波'로 되어 있는데, 이것이 《금문상서》에 이르러서는 '滎播'라고 했다. 파播는 이 물이 흩어져 넘쳤다는 뜻이고 형滎은 택澤(호수)의 이름이다. 그러므로 《좌전》에는 적狄과 위衛나라가 형택滎澤에서 싸웠다고 했다. 정현은 "지금은 물이 막혀 평지平地가 되었는데 형양榮陽 사람이 오히려 그곳을 형파榮播라고 한다."라고 했다.

【索隱】 古文尚書作 滎波 此及今文並云 滎播 播是水播溢之義 滎是澤名
故左傳云狄及衛戰於滎澤 鄭玄云 今塞爲平地 滎陽人猶謂其處爲滎播

④道荷澤被明都도하택피명도

[집해] 공안국은 "하택河澤은 호릉胡陵에 있다. 명도明都는 호수 이름
인데, 하수의 동북쪽에 있으며 물이 흘러 넘쳐서 덮는다."라고 했다.

【集解】 孔安國曰 荷澤在胡陵 明都 澤名 在河東北 水流泆覆被之

[색은] 하택河澤은 제음濟陰 정도현定陶縣 동쪽에 있다. 明都는 '맹저
孟豬'로 발음한다. 맹저택孟豬澤은 양국梁國 수양현睢陽縣 동북쪽에 있
다. 《이아》와 《좌전》에서는 맹저孟諸라고 일렀고 《금문상서》에도 또한
그렇게 일렀다. 오직 《주례》만이 '망제望諸'라고 칭했는데 다 이 땅에 대
한 이름들이다.

【索隱】 荷澤在濟陰定陶縣東 明都音孟豬 孟豬澤在梁國睢陽縣東北 爾雅
左傳謂之 孟諸 今文亦爲然 唯周禮稱 望諸 皆此地之一名

[정의] 《괄지지》에는 "하택은 조주曹州 제음현濟陰縣 동북쪽 90리의
정도성定陶城 동쪽에 있는데, 지금은 용지龍池라고 불리며 또한 구경피
九卿陂라고도 불린다."라고 했다.

【正義】 括地志云 荷澤在曹州濟陰縣東北九十里定陶城東 今名龍池 亦名
九卿陂

그곳의 땅은 부드럽고 아래쪽의 흙은 기름지면서도 검었다.[①] 밭은 중中의 상上급인데, 부세는 상上의 중中급과 상上의 상上급을 섞어 부과했다.[②] 그곳의 공물은 옻칠漆, 모시, 갈포葛布, 모시 옷감이고, 바구니에 가는 무명실을 담아 바쳤고,[③] 명命에 따라 경석磬石을 가는 숫돌을 바치기도 했다.[④] 낙수雒水에서 배를 띄워 황하에 이르게 했다.

其土壤 下土墳壚[①] 田中上 賦雜上中[②] 貢漆 絲 絺 紵 其篚纖絮[③] 錫貢磬錯[④] 浮於雒 達於河

①下土墳壚하토분로

집해 공안국은 "노壚는 거칠다."라고 했다. 마융은 "예주豫州의 땅에 3등급이 있다. 아래가 걸차고 검은 빛의 땅이다."라고 했다.

【集解】 孔安國曰 壚 疏也 馬融曰 豫州地有三等 下者墳壚也

신주 노壚는 검고 굳은 흙이다.

②田中上賦雜上中전중상부잡상중

집해 공안국은 "전田은 4등급인데 조세는 2등급이며 또 섞어서 제1등급을 내기도 한다."라고 말했다.

【集解】 孔安國曰 田第四 賦第二 又雜出第一

③纖絮섬서

　집해　 공안국은 "섬서는 가는 무명실이다."라고 했다.

【集解】 孔安國曰 細緜也

④錫貢磬錯석공경착

　집해　 공안국은 "옥을 다스리는 것을 착錯이라고 하는데 경쇠를 다듬는 숫돌이다."라고 했다.

【集解】 孔安國曰 治玉石曰錯 治磬錯也

　신주　 석공錫貢은 명에 따라 바치는 공물을 뜻한다. 경착磬錯은 경석을 가는 숫돌이다.

화산華山 남쪽 기슭에서 흑수黑水까지가 양주梁州이다.[①] 문산汶
山과 파산嶓山 일대의 경지에 농사를 짓게 하고[②] 타수沱水와 잠
수潛水[③]를 통하게 했다. 채산蔡山과 몽산蒙山 일대도 잘 정리해
경작할 수 있게 했으며,[④] 화수和水의 이족夷族을 잘 다스리는 공
적을 이루었다.[⑤]

華陽黑水惟梁州[①] 汶 嶓既蓺[②] 沱 涔[③]既道 蔡 蒙旅平[④] 和夷底績[⑤]

①華陽黑水惟梁州화양흑수유양주

집해 공안국은 "동쪽은 화산華山의 남쪽에 의지하고 서쪽은 흑수黑
水까지 이르렀다."라고 했다.

【集解】 孔安國曰 東據華山之南 西距黑水

정의 《괄지지》에는 "흑수黑水의 근원은 양주梁州 성고현城固縣 서북
쪽 태산太山에서 나온다."라고 했다.

【正義】 括地志云 黑水源出梁州城固縣西北太山

②汶嶓既蓺문파기예

집해 정현은 "〈지리지〉에 민산岷山은 촉군蜀郡 전저도湔氐道에 있다.
파총산嶓冢山은 한양漢陽 서쪽에 있다."고 했다.

【集解】 鄭玄曰 地理志岷山在蜀郡湔氐道 嶓冢山在漢陽西

색은 문汶자는 다른 곳에는 '민崏' 자로 되어 있다. 또 '민㟭'으로도 되어 있다. 민산㟭山은 《사기》〈봉선서〉에는 독산瀆山이라고 일렀는데, 촉군 전저도湔氐道 서쪽 변방에 있고 강수江水가 나오는 곳이다. 파총산은 농서의 서현西縣에 있으며 한수漢水가 나오는 곳이다.

【索隱】 汶 一作 崏 又作 㟭 㟭山 封禪書一云瀆山 在蜀都湔氐道西徼 江水所出 嶓冢山在隴西西縣 漢水所出也

신주 《색은》에서 '在蜀都湔氐道西徼'라는 원문은 당연히 '在蜀郡 湔氐道西徼'가 되어야 맞다. 군郡을 도都라고 잘못 썼다.

정의 《괄지지》에는 "민산岷山은 민주岷州 일락현溢樂縣 1리에 있는데 연면히 이어져서 촉蜀에 이르기까지 2,000리인데 모두 민산岷山이라고 이름지었다. 파총산은 양주梁州 금수현金水縣 동쪽 28리에 있다."라고 했다.

【正義】 括地志云 岷山在岷州溢樂縣南一里 連綿至蜀二千里 皆名岷山 嶓冢山在梁州金牛縣東二十八里 湔音子踐反 氐音丁奚反

③沱涔타잠

집해 공안국은 "타수와 잠수의 발원은 이 주州에서 시작해 형주荊州로 들어간다."라고 했다.

【集解】 孔安國曰 沱 潛發源此州 入荊州

④蔡蒙旅平채몽려평

집해 공안국은 "채蔡와 몽蒙은 2개의 산 이름이다. 산에 제사지내
는 것을 여旅라고 한다. 평平은 공사를 끝마쳐 공을 이룬 것을 말한다."
라고 했다. 정현은 "〈지리지〉에 채蔡와 몽蒙은 한가현漢嘉縣에 있다고
했다."라고 했다.

【集解】 孔安國曰 蔡 蒙 二山名 祭山曰旅 平言治功畢也 鄭玄曰 地理志蔡
蒙在漢嘉縣

색은 이는 서주徐州의 몽蒙이 아니라 촉군蜀郡 청의현靑衣縣에 있는
것이다. 청의현은 뒤에 한가현漢嘉縣으로 개칭했다. 채산蔡山은 소재를
알지 못한다. 몽蒙은 현縣 이름이다.

【索隱】 此非徐州之蒙 在蜀郡靑衣縣 靑衣後改爲漢嘉 蔡山不知所在也 蒙
縣名

정의 《괄지지》에는 "몽산蒙山은 아주雅州 엄도현嚴道縣의 남쪽 10리
에 있다."라고 했다.

【正義】 括地志云 蒙山在雅州嚴道縣南十里

⑤和夷底績화이저적

집해 마융은 "화이和夷는 땅 이름이다."라고 했다.

【集解】 馬融曰 和夷 地名也

그곳의 흙은 검푸르고① 밭은 하下의 상上급이었는데, 부세는 하下의 중中급인데 세 가지로 섞어 부과했다.② 그곳의 공물로는 질 좋은 황금과 철鐵, 은銀, 강철, 살촉돌, 경석磬石과③ 곰·말곰·여우·너구리의 털가죽으로 짠 융단을 바쳤다.④ 서경산西傾山 지역에서는 환수桓水를 따라 들어왔으며,⑤ (다른 곳에서는) 잠수潛水에서 배를 띄워 면수沔水를 지나⑥ 다시 위수渭水를 거쳐 황하로 가로질러 들어왔다.⑦

其土青驪① 田下上 賦下中三錯② 貢璆 鐵 銀 鏤 砮 磬③ 熊 羆 狐 狸 織皮④ 西傾因桓是來⑤ 浮于潛 踰于沔⑥ 入于渭 亂于河⑦

①其土青驪기토청려

집해 공안국은 "땅의 색이 검푸르다."라고 했다.

【集解】 孔安國曰色青黑也

②田下上賦下中三錯전하상부하중삼착

집해 공안국은 "전田은 7등급이고 세금은 8등급인데, 섞어서 7등급과 9등급의 3등급의 세금을 내게 한 것이다."라고 했다.

【集解】 孔安國曰 田第七 賦第八 雜出第七第九三等

신주 하下의 중中에다가 세 가지로 섞여 있었다. 곧 9등급 중 여덟째 등급인데다가 7등급과 9등급이 섞여 있다는 뜻이다.

③貢璆鐵銀鏤砮磬공구철은루노경

집해 공안국은 "구璆는 옥 이름이다."라고 했다. 정현은 "황금의 아름다운 것을 유鏐라고 이른다. 누鏤는 강철鋼鐵이며 조각을 새길 수 있는 것이다."라고 했다.

【集解】 孔安國曰 璆 玉名 鄭玄曰 黃金之美者謂之鏐 鏤 剛鐵 可以刻鏤也

④織皮직피

집해 공안국은 "네 종류의 짐승의 가죽을 바친다. 직피織皮는 지금의 모직물이다."라고 했다.

【集解】 孔安國曰 貢四獸之皮也 織皮 今罽也

⑤西傾因桓是來서경인환시래

집해 마융은 "서경산西傾山을 다스려 환수桓水를 따라 이곳으로 이르게 했는데 다른 길이 없는 것을 말한다."라고 했다. 정현은 〈지리지〉에 서경산은 농서隴西 임조臨洮현에 있다."라고 했다.

【集解】 馬融曰 治西傾山因桓水是來 言無餘道也 鄭玄曰 地理志西傾山在隴西臨洮

색은 서경산은 농서 임조현 서남쪽에 있다. 환수桓水는 촉군 민산岷山의 서남쪽에서 나와 강羌의 안쪽으로 흘러서 남해南海로 들어간다.

【索隱】 西傾在隴西臨洮縣西南 桓水出蜀郡岐山西南 行羌中入南海也

정의 《괄지지》에는 "서경산은 지금 강대산强臺山이고 조주洮州 임담현臨潭縣 서남쪽 336리에 있다."라고 했다.

【正義】 括地志云 西傾山今强臺山 在洮州臨潭縣西南三百三十六里

신주 서경산西傾山은 지금의 청해성靑海省에 있는 노찰포랍산魯察布拉山이라고 하는데, 후대에 확대된 개념일 가능성이 크다.

⑥浮于潛踰于沔부우잠유우면

집해 공안국은 "한수漢水 위의 물을 면沔이라고 한다."라고 했다. 정현은 "어떤 이는 한수를 면수沔水라고 한다."라고 했다.

【集解】 孔安國曰 漢上水爲沔 鄭玄曰 或謂漢爲沔

⑦亂于河난우하

집해 공안국은 "똑바로 흐름을 끊는 것을 '난亂'이다."라고 했다.

【集解】 孔安國曰 正絕流曰亂

신주 흐르는 물줄기를 가로질러 흘러 들어가는 것을 뜻한다.

옹주의 물을 다스리다

흑수黑水에서 서하西河 사이가 옹주이다.^① 약수弱水를 이미 서

쪽으로 흐르게 하자,^② 경수涇水는 모아져 위수渭水가 굽이치는

곳으로 흘러들었다.^③ 칠수漆水와 저수沮水를 잘 흐르게 하고,^④

풍수灃水(예수)도 함께 합쳐지게 했다.^⑤

黑水西河惟雍州^① 弱水既西^② 涇屬渭汭^③ 漆 沮既從^④ 灃水所同

①黑水西河惟雍州흑수서하유옹주

집해 공안국은 "서쪽으로 흑수黑水에 이르고 동쪽으로 하수河水에

의지했다. 용문龍門의 하수는 기주冀州 서쪽에 있다."라고 했다.

【集解】 孔安國曰 西距黑水 東據河 龍門之河在冀州西

색은 〈지리지〉에는 익주益州의 전지滇池에 흑수사黑水祠가 있다고
했다. 정현이 《지설地說》을 인용해서 말하기를, "삼위산三危山 남쪽에서
흑수가 나온다." 《산해경》에는 "흑수는 곤륜허崑崙墟의 서쪽 모퉁이에
서 나온다."라고 했다.

【索隱】 地理志益州滇池有黑水祠 鄭玄引地說云 三危山 黑水出其南 山海
經 黑水出崑崙墟西北隅也

신주 흑수는 지금의 감숙성甘肅省 감주甘州에 있는 장액계산張掖鷄
山에 그 수원水源을 두고 남으로 돈황燉煌을 거쳐 남해南海로 빠지는 강
이라고 비정한다. 앞에서 나온 양주梁州 흑수黑水와는 다르다. 서하西
河는 지금의 산서성山西省과 섬서성陝西省 사이 성省의 경계를 남쪽으로
흐르는 황하黃河의 일부를 가리킨다. 하나라 강역이 여기까지 왔다고
보기에도 무리가 따른다.

②弱水旣西약수기서

집해 공안국은 "서쪽으로 흐르게 인도해서 합려合黎에 이른다."라고
했다. 정현은 "모든 물이 모두 동쪽으로 흐르는데 이 강만 유독 서쪽으
로 흐른다."라고 했다.

【集解】 孔安國曰 導之西流 至于合黎 鄭玄曰 衆水皆東 此獨西流也

색은 살펴보니 《수경水經》에는 "약수弱水는 장액張掖 산단현刪丹縣
서북쪽에서 나와 주천酒泉 회수현會水縣에 이르러 합려산合黎山 중턱으

로 들어간다."라고 했다. 《산해경》에는 '약수는 곤륜허의 서남쪽 모퉁이에서 나온다."라고 했다.

【索隱】 按 水經云 弱水出張掖刪丹縣西北 至酒泉會水縣入合黎山腹 山海經云 弱水出崑崙墟西南隅也

③涇屬渭汭경촉위예

집해 공안국은 "촉屬은 뒤따라 이른다는 뜻이다. 물이 등지는 것을 '예汭'라고 하는데, 경수涇水를 다스려서 위수渭水로 들어가게 한 것을 말한다."라고 했다. 정현은 〈지리지〉에 경수는 안정군安定郡 경양涇陽에서 나온다고 했다."

【集解】 孔安國曰 屬 逮也 水北曰汭 言治涇水入於渭也 鄭玄曰 地理志涇水出安定涇陽

색은 위수는 수양현首陽縣 조서동혈산鳥鼠同穴山에서 나온다. 《설문》에는 물이 서로 들어가는 것을 '예汭'라고 했다.

【索隱】 渭水出首陽縣鳥鼠同穴山 說文云 水相入曰汭

정의 《괄지지》에는 "경수의 근원은 원주原州 백천현百泉縣 서남쪽 계두산笄頭山 경곡涇谷에서 나온다. 위수渭水의 근원은 위주渭州 위원현渭原縣 서쪽 76리 조서산鳥鼠山에서 나오는데 지금은 청작산靑雀山이라고 부른다. 위수는 세 곳의 근원이 있는데 나란히 조서산에서 나와 동쪽으로 흘러 하수로 들어간다"고 했다. 살펴보니 경수涇水를 다스려 위수渭水에 이르고 또 칠수漆水와 저수沮水를 다스려 또 위수를 따라 흐르게 하고 다시 풍수灃水(예수)를 다스려 또 함께 위수渭水로 들어가게 한 것을 말한 것이다.

【正義】 括地志云 涇水源出原州百泉縣西南笄頭山涇谷 渭水源出渭州渭原縣西七十六里鳥鼠山 今名青雀山 渭有三源 並出鳥鼠山 東流入河 按 言理涇水及至渭水 又理漆 沮亦從渭流 復理灃水 亦同入渭者也

신주 경수涇水는 지금의 감숙성 화평현化平縣에 그 수원을 두고 있으며 동으로 흘러 섬서성 고릉현高陵縣에서 위수渭水와 합류한다고 비정한다. 촉위예屬渭汭는 한 줄기로 모아 위수渭水가 굽이치는 곳으로 끌어들였다는 뜻이다.

④漆沮既從칠저기종

정의 《괄지지》에서 말하길 "칠수漆水의 근원은 기주岐州 보윤현普閏縣 동남쪽 기칠현岐漆縣 칠계漆溪에서 나와 동쪽으로 위수渭水로 들어간다. 저수沮水는 일명 석천수石川水라고 하고 근원은 옹주雍州 부평현富平縣에서 나와 동쪽으로 역양현櫟陽縣 남쪽으로 들어간다. 한漢나라 고제高帝가 역양櫟陽에 만년현萬年縣을 설치했다. 《13주지리지十三州地理志》에는 '만년현 남쪽에 경수涇水와 위수渭水가 있고 북쪽에는 소하小河가 있는데 곧 저수沮水이다.'라고 했다. 《시경》에는 '고공단보古公亶父가 빈邠 땅을 버리고 칠수와 저수를 건넜다고 하는데 곧 이 두 물[水]이다.'라고 했다."

【正義】 括地志云 漆水源出岐州普潤縣東南岐漆山漆溪 東入渭 沮水一名
石川水 源出雍州富平縣 東入櫟陽縣南 漢高帝於櫟陽置萬年縣 十三州地理
志云 萬年縣南有涇 渭 北有小河 即沮水也詩云古公去邠度漆 沮 即此二水

신주 칠저漆沮는 둘 다 물 이름이다. 칠수漆水는 지금의 섬서성 동관
현東關縣 동북에 위치하는 대신산大神山에 그 수원을 두고 서남쪽으로
흘러 섬서성 요현耀縣에서 저수沮水와 합류한다. 저수沮水는 지금의 섬
서성 요현耀縣쪽에 수원을 두고 동남으로 흘러 칠수漆水와 합류하고 두
물이 한 줄기가 되어 다시 조읍朝邑에서 위수渭水와 합류한다.

⑤漆水所同풍수소동

집해 공안국은 "칠수漆水와 저수沮水는 이미 위수渭水로 따라 들어
갔다. 풍수澧水(예수)도 마찬가지로 위수渭水로 합해진다."라고 했다.
【集解】 孔安國曰 漆 沮之水已從入渭 澧水所同 同于渭也

색은 칠수와 저수 두 물이 있는데, 칠수는 우부풍右扶風 칠현漆縣 서
쪽에서 나오고, 저수는 〈지리지〉에는 설명이 없고, 《수경》에는 차수濾
水라고 말하는데 북지北地 직로현直路縣에서 나와 동쪽으로 풍익馮翊
대우현郃祤縣을 지나서 낙수洛水로 들어간다고 했다. 《설문》에는 또한
칠수와 저수는 각각 하나씩의 물 이름이라고 했다. 공안국은 홀로 하나
의 물로 여기고 또 이를 낙수洛水라고 일렀다. 풍수澧水는 우부풍右扶風
호현鄠縣 동남쪽에서 나와 북쪽으로 상림원上林園을 지난다.

【索隱】 漆 沮二水 漆水出右扶風漆縣西 沮水地理志無文 而水經以濾水出 北地直路縣 東過馮翊祋祤縣入洛 說文亦以漆 沮各是一水名 孔安國獨以 爲一 又云是洛水 灃水出右扶風鄠縣東南 北過上林苑

차수濾水의 '차濾'는《설문해자》에서 "종수차성從水虘聲이다." 라고 했다. 또《강희자전康熙字典》은 "수부水部의 십일十一획으로《당운 唐韻》에서는 발음이 '차[側加切]'이다.《집운集韻》은 '자[莊加切]'이다."라 고 했다. '차'로 발음하는 것이 맞을 것이다.

정의 《괄지지》에는 "옹주雍州 호현鄠縣 종남산終南山이 풍수가 나오 는 곳이다."라고 했다.
【正義】 括地志云 雍州鄠縣終南山 灃水出焉

형산荊山과 기산岐山에 길을 놓고① 종남산終南山과 돈물산惇物 山을 거쳐 조서산鳥鼠山까지 이르게 했다.② 고원과 습지에서 공 을 이루어 도야호都野湖까지 미치니③ 삼위산三危山 일대에서도 사람이 살 수 있게 되어④ 삼묘족三苗族이 크게 질서가 있게 되 었다.⑤

荊 岐已旅① 終南 敦物至于鳥鼠② 原隰底績 至于都野③ 三危既度④ 三苗大序⑤

①荊岐已旅형기이려

집해 공안국은 "형산荊山은 기산岐山 동쪽에 있다. 그래서 형주荊州
의 형산荊山이 아니다."라고 했다.

【集解】 孔安國曰 荊在岐東 非荊州之荊也

정의 《괄지지》에는 "형산은 옹주雍州 부평현富平縣에 있는데 지금은
굴릉원掘陵原이라고 부른다. 기산岐山은 기주岐州 기산현岐山縣 동북쪽
10리에 있다."라고 했다. 《상서정의》에는 "홍수洪水 때에 제사의 예가
무너졌다. 이미 여제旅祭를 했다는 것은 물을 다스려 사업을 마친 것을
말한다."라고 했다. 살펴보니 옹주의 형산荊山은 곧 황제黃帝와 우禹가
솥을 주조한 곳이다. 양주襄州 형산현荊山縣 서쪽의 형산荊山은 곧 변화
卞和가 옥박玉璞(다듬지 않은 옥)을 얻은 곳이다.

【正義】 括地志云 荊山在雍州富平縣 今名掘陵原 岐山在岐州岐山縣東北
十里 尚書正義云 洪水時祭祀禮廢 已旅祭 言理水功畢也 按 雍州荊山即黃
帝及禹鑄鼎地也 襄州荊山縣西荊山即卞和得玉璞者

②終南敦物至于鳥鼠종남돈물지우조서

집해 공안국은 "3개의 산 이름인데 서로 바라보는 것을 말한다."라
고 했다. 정현은 "〈지리지〉에 종남산終南山과 돈물산敦物山은 모두 우부
풍右扶風 무공武功현에 있다고 했다."

【集解】 孔安國曰 三山名 言相望也 鄭玄曰 地理志終南 敦物皆在右扶風

武功也

색은 살펴보니《좌전》의 중남산中南山을 두예는 종남산終南山으로 여겼다. 〈지리지〉에는 "《고문상서》에서는 태일산太一山을 종남산으로 여겼고, 수산垂山을 돈물산으로 여겼다."라고 했다. 모두 부풍扶風 무공현 동쪽에 있다.

【索隱】 按 左傳中南山 杜預以爲終南山 地理志云 太一山古文以爲終南華垂山古文以爲敦物 皆在扶風武功縣東

정의 《괄지지》에는 "종남산은 일명 중남산 또는 태일산, 남산南山, 귤산橘山, 초산楚山, 진산秦山, 주남산周南山, 지폐산地肺山이라고도 하는데 옹주 만년현萬年縣 남쪽 50리에 있다."라고 했다.

【正義】 括地志云 終南山一名中南山 一名太一山 一名南山 一名橘山 一名楚山 一名秦山 一名周南山 一名地肺山 在雍州萬年縣南五十里

③原隰底績至于都野원습저적지우도야

집해 정현은 "〈지리지〉에 도야都野는 무위武威에 있고 휴도택休屠澤이라고 부른다."라고 했다.

【集解】 鄭玄曰 地理志都野在武威 名曰休屠澤

정의 원습原隰은 유주幽州 땅이다. 조사해보니 원原은 고원高原지대이다. 습隰은 낮은 습지대이다. 위주渭州를 따라 공로를 이루고 서북쪽으로 양주涼州 도야都野와 사주沙州 삼위산三危山에 이르렀다는 것을 말한다. 《괄지지》에는 "도야택都野澤은 양주涼州 고장현姑臧縣 동북쪽 280리에 있다."라고 했다.

【正義】 原隰 幽州地也 按 原 高平地也 隰 低下地也 言從渭州致功 西北至 涼州都野 沙州三危山也 括地志云 都野澤在涼州姑臧縣東北二百八十里

④三危既度삼위기도

색은 정현은 《하도河圖》와 《지설地說》을 이용해서 이르기를 "삼위산 은 조서산鳥鼠山 서남쪽에 있으며 기산岐山과 함께 서로 이어져 있다."라 고 했다. 度를 유백장劉伯莊은 '작[田各反]'으로 발음했는데, 《상서》에는 '택宅'으로 되어 있다.

【索隱】 鄭玄引河圖及地說云 三危山在鳥鼠西南 與岐山相連 度 劉伯莊音 田各反 尚書作 宅

⑤三苗大序삼묘대서

집해 공안국은 "서쪽 변방의 산은 이미 사람이 살만했는데, 삼묘족 三苗族이 크게 질서가 있게 된 것은 우禹의 공로였다."라고 했다.

【集解】 孔安國曰 西裔之山己可居 三苗之族大有次序 禹之功也

그곳의 흙은 누렇고 부드러워 밭은 상上의 상上급이나 부세는
중中의 하下급으로 부과했다.① 그곳의 공물로 옥경玉磬과 푸른
옥, 옥돌을 바쳤다.② 적석산積石山 기슭에서 배를 띄워 용문산龍
門山의 서하에 이르고,③ 위수가 굽이치는 곳으로 모였다.④ 짐승
의 털가죽으로 짠 융단은 곤륜昆侖과 석지析支와 거수渠搜 지방
에서 나는데, 이들 서쪽 이민족들도 잘 따라서 질서가 잡혔다.⑤
其土黃壤 田上上 賦中下① 貢璆 琳 琅玕② 浮于積石 至于龍門西河③
會于渭汭④ 織皮昆侖 析支 渠搜 西戎即序⑤

①田上上賦中下전상상부중하

집해 공안국은 "전답은 제1등급이고 세금은 제6등급이며 사람의
노력이 적게 든다."라고 했다.

【集解】 孔安國曰 田第一 賦第六 人功少

②貢璆琳琅玕공구림랑간

집해 광안국은 "구璆와 임琳은 모두 옥玉의 명칭이다. 낭간琅玕은
돌이지만 주珠(구슬)와 같은 것이다."라고 했다.

【集解】 孔安國曰 璆 琳 皆玉名 琅玕 石而似珠者

네 가지 옥과 옥돌을 이르는 말로 각기 다른 종류이다.

③浮于積石至于龍門西河부우적석지우농문서하

집해 공안국은 "적석산積石山은 금성金城 서남쪽에 있어 하수河水가 경유하는 곳이다. 용문산은 하동의 서쪽 경계에 있다."라고 했다.
【集解】 孔安國曰 積石山在金城西南 河所經也 龍門山在河東之西界

색은 적석산은 금성 하관현河關縣 서남쪽에 있다. 용문산은 좌풍익左馮翊 하양현夏陽縣 서북쪽에 있다.
【索隱】 積石在金城河關縣西南 龍門山在左馮翊夏陽縣西北

정의 《괄지지》에서 말하기를, "적석산은 지금 소적석小積石이라고 부르는데 하주河州 부한현枹罕縣 서쪽 7리에 있다. 하주는 수도의 서쪽 1,472리에 있다. 용문산은 동주同州 한성현韓城縣 북쪽 50리에 있다. 이기李奇는 '우임금이 땅을 파서 하수가 통하게 한 곳의 넓이는 80보步였다.'라고 했다. 《삼진기三秦記》에는 '용문수에서 배를 매달아 띄워 가는데 양쪽에는 산이 있어 물과 뭍이 통하지 못했기 때문에 거북과 물고기 수천 마리가 용문 아래 모였지만 위로 오르지 못했다. 오르면 용이 되었다. 그러므로 폭새점액용문하暴鰓點額龍門下(아가미를 드러내고 이마에 상처를 입은 채 용문 아래로 떨어진다)이다.'라고 했다." 상고해보니 하수는 기주冀州 서쪽에 있다. 그러므로 서하西河라고 이른다. 우임금이 소적석산小積石山에서 발원한 하수 동북쪽에서 배를 띄워 영靈과 승勝의 북쪽을 거쳐서 남쪽으로 가서 용문에 이르렀는데, 모두 옹주雍州의 땅이다.

【正義】 括地志云 積石山今名小積石 在河州枹罕縣西七里 河州在京西
一千四百七十二里 龍門山在同州韓城縣北五十里 李奇云 禹鑿通河水處
廣八十步 三秦記云 龍門水懸船而行 兩旁有山 水陸不通 龜魚集龍門下數
千 不得上 上則爲龍 故云暴鰓點額龍門下 按 河在冀州西 故云西河也 禹發
源河水小積石山 浮河東北下 歷靈 勝北而南行 至于龍門 皆雍州地也

신주　적석산 기슭에서 배를 띄우면 용문산의 서하에 이를 수 있다
는 뜻이다.

④會于渭汭회우위예

정의　《수경》에는 "하수는 또 남쪽으로 동관潼關에 이르고, 위수渭水
는 서쪽을 따라 물을 댄다."라고 했다.

【正義】 水經云 河水又南至潼關 渭水從西注之也

⑤織皮昆侖析支渠搜西戎卽序직피곤륜석지거수서융즉서

집해　공안국은 "직피織皮는 모포毛布이다. 이 네 나라는 황복荒服
밖 유사流沙(사막) 안에 있다. 강羌과 무髳(이족) 무리들이 모두 질서를
성취한 것은 훌륭한 우禹임금의 공로가 융적戎狄에 미친 것이다."라고
했다.

【集解】 孔安國曰 織皮 毛布 此四國在荒服之外 流沙之內 羌 髳之屬皆就

次序 美禹之功及戎狄也

황복荒服은 주나라 때 기복畿服의 한 종류이다. 도읍에서 가장 가까운 곳이 전복甸服이고 후복侯服, 수복綏服, 요복要服, 황복荒服 순서이다. 황복은 이민족이 사는 지역을 뜻한다.

색은 정현은 "가죽 옷을 입은 사람은 곤륜崑崙·석지析支·거수渠搜에 거주하는데, 이 세 산은 모두 서융西戎에 있다."라고 했다. 왕숙은 "곤륜은 임강臨羌의 서쪽에 있고, 석지析支는 하관河關의 서쪽에 있고, 서융西戎은 서역西域에 있다."라고 했다. 왕숙은 지명地名으로 여기면서 거수渠搜는 거론하지 않았다. 지금 살펴보니 〈지리지〉에 금성 임강현臨羌縣에 곤륜사昆崙祠가 있고, 돈황敦煌 지현至縣에 곤륜장昆崙障이 있고, 삭방朔方에 거수현渠搜縣이 있다.

【索隱】 鄭玄以爲衣皮之人居昆崙 析支 渠搜 三山皆在西戎 王肅曰 昆崙 在臨羌西 析支在河關西 西戎在西域 王肅以爲地名 而不言渠搜 今按 地理 志金城臨羌縣有昆崙祠 敦煌廣至縣有昆崙障 朔方有渠搜縣

제3장

아홉 산과 아홉 물을 다스리다

제
삼
장
·
가

아홉 산을 다스리다

9개의 산을 다스렸다.[①] 견산沂山과 기산岐山에서 시작해 형산荊山까지 이르러[②] 황하를 건넜다. 호구산壺口山과 뢰수산雷首山을 지나[③] 태악太嶽에 이르렀으며,[④] 지주산砥柱山과 석성산析城山을 거쳐 왕옥산王屋山까지 나아갔다.[⑤] 태행산太行山과 상산常山을 거쳐 갈석산碣石山에 이르러[⑥] 바다로 들어갔다.

道九山[①] 汧及岐至于荊山[②] 踰于河 壺口 雷首[③]至于太嶽[④] 砥柱 析城至于王屋[⑤] 太行 常山至于碣石[⑥] 入于海

①道九山도구산

색은 　견산汧山 · 호구산壺口山 · 지주산砥柱山 · 태행산太行山 · 서경산西卿山 · 웅이산熊耳山 · 파총산嶓冢山 · 내방산內方山 · 민산岷山이 구산九

山이다. 옛날에는 나누어 삼조三條로 삼았다. 그래서 〈지리지〉에는 북조北條에 형산荊山이 있다. 마융은 견산汧山을 북조北條로 여기고 서경산西卿山을 중조中條로 여기고 파총산嶓冢山을 남조南條로 여겼다. 정현은 "네 종류로 나누어 견산은 음렬陰列이 되고 서경산은 다음 음렬陰列이 되고 파총산은 양렬陽列이 되고 민산岷山은 다음 양렬陽列이 된다."라고 했다.

【索隱】 汧 壺口 砥柱 太行 西傾 熊耳 嶓冢 內方 岐是九山也 古分爲三條 故地理志有北條之荊山 馬融以汧爲北條 西傾爲中條 嶓冢爲南條 鄭玄分四列 汧爲陰列 西傾次陰列 嶓冢爲陽列 岐山次陽列

②汧及岐至于荊山견급기지우형산

집해 정현은 "〈지리지〉에 견산은 우부풍右扶風에 있다."라고 했다.

【集解】 鄭玄曰 地理志汧在右扶風也

색은 견汧은 다른 본에는 '견岍'으로 되어 있다. 상고해보니 견수汧水가 있으므로 그 글자에서 혹은 '산山' 자를 따르기도 하고 혹은 '수水'(물수 변氵)자를 따르기도 하는데 민산岷山이 그러한 것과 같다. 〈지리지〉에는 오산吳山은 견현汧縣 서쪽에 있으며, 《고문상서》에는 견산汧山이라고 했다. 기산岐山은 우부풍 미양현美陽縣 서북쪽에 있다. 형산荊山은 좌풍익左馮翊 회덕현懷德縣 남쪽에 있다.

【索隱】 汧 一作岍 按 有汧水 故其字或從 山 或從 水 猶岷山然也 地理志云吳山在汧縣西 古文以爲汧山 岐山在右扶風美陽縣西北 荊山在左馮翊懷

德縣南也

정의 《괄지지》에는 '견산은 농주隴州 견원현汧源縣 서쪽 60리에 있다. 그 산의 동쪽 이웃에 기산岐山과 수산岫山이 있고 서쪽에는 농강隴岡이 접해 있으면서 견수汧水가 나온다. 기산은 기주岐州에 있다.'라고 했다.

【正義】 括地志云 汧山在隴州汧源縣西六十里 其山東鄰岐 岫 西接隴岡 汧水出焉 岐山在岐州

③壺口雷首호구뢰수

색은 뇌수산雷首山은 하동河東 포판현蒲阪縣 동남쪽에 있다.

【索隱】 雷首山在河東蒲阪縣東南

④太嶽태악

집해 공안국은 "세 개의 산은 기주冀州에 있고 태악太嶽은 상당上黨 서쪽에 있다."고 했다.

【集解】 孔安國曰 三山在冀州 太嶽在上黨西也

색은 곧 곽태산霍泰山이다. 이미 위에 나와 있다.

【索隱】 即霍泰山也 已見上

정의 《괄지지》에는 "호구산壺口山은 자주慈州 길창현吉昌縣 서남쪽에 있다. 뇌수산은 포주 하동현에 있다. 태악산은 곽산霍山이며 심주沁州 심원현沁源縣에 있다."라고 했다.

【正義】 括地志云 壺口在慈州吉昌縣西南 雷首山在蒲州河東縣 太嶽 霍山也 在沁州沁源縣

⑤砥柱 析城至于王屋지주석성지우왕옥

《집해》 공안국은 "이 3개의 산은 기주冀州의 남하南河 북쪽에 있다."고 했다.

【集解】 孔安國曰 此三山在冀州(之)南河之北

색은 석성산析城山은 하동 호택현濩澤縣 서남에 있다. 왕옥산王屋山은 하동 원현垣縣 동북에 있다. 《수경》에는 "지주산砥柱山은 하동 대양현大陽縣 남쪽 하수河水 안에 있다."고 했다.

【索隱】 析城山在河東濩澤縣西南 王屋山在河東垣縣東北 水經云砥柱山在河東大陽縣南河水中也

정의 《괄지지》에는 "지주산砥柱山은 속명俗名이 삼문산三門山인데 섬주陝州 협석현硤石縣 동북 50리 황하 안에 있다."고 했다. 공안국은 "지주砥柱는 산 이름이다. 하수가 나누어져 흘러 산을 싸고 지나기 때문에 산이 물속에 있어 기둥처럼 보여서 그렇게 부른다."고 했다. 《괄지지》에서 말하길 "석성산은 택주澤州 양성현梁城縣 서남 70리에 있다.

《수경》주석에는 '석성산은 매우 높으며 위는 평탄하고 두 개의 샘이 있는데, 동쪽샘은 흐리고 서쪽샘은 맑으며 좌우에는 풀과 나무가 자라지 않는다.'라고 했다." 또 "왕옥산은 회주懷州 왕옥현王屋縣 북쪽 10리에 있다. 《고금지명古今地名》에는 '산이 사방 700리이고 산의 높이는 1만 인仞(10만 자)인데, 본래는 기주의 하양산河陽山이다.'라고 했다."

【正義】 括地志云 底柱山 俗名三門山 在陝州硤石縣東北五十里黃河之中 孔安國云 底柱 山名 河水分流 包山而過 山見水中 若柱然也 括地志云 析城 山在澤州陽城縣西南七十里 注水經云 析城山甚高峻 上平坦 有二泉 東濁 西清 左右不生草木 括地志云 王屋山在懷州王屋縣北十里 古今地名云 山 方七百里 山高萬仞 本冀州之河陽山也

⑥太行常山至于碣石태행상산지우갈석

집해 공안국은 "이 두 산은 잇대어 길게 뻗어 동북에서 갈석산碣石山에 접하고 창해滄海(발해)로 들어간다."라고 했다.

【集解】 孔安國曰 此二山連延 東北接碣石 而入于滄海

색은 태행산太行山은 하내河內 산양현山陽縣 서북에 있다. 상산常山은 항산恒山이다. 상산군常山郡 상곡양현上曲陽縣 서북에 있다.

【索隱】 太行山在河內山陽縣西北 常山 恆山是也 在常山郡上曲陽縣西北

정의 《괄지지》에는 "태행산은 회주懷州 하내현河內縣 북쪽 25리에 있으며 양장판羊腸阪(양의 창자처럼 구불구불한 언덕)이 있다. 항산은 정주定

州 항양현恒陽縣 서북 40리에 있다."라고 했다. 도서道書인《복지기福地記》에는 "항산의 높이는 3,300장丈으로서, 상부는 사방 20리이고, 태현천太玄泉과 신초神草 19종이 있는데 (성취하면) 세속를 벗어날 수 있다."라고 했다.

【正義】 括地志云 太行山在懷州河內縣北二十五里 有羊腸阪 恆山在定州恆陽縣西北百四十里 道書福地記云 恆山高三千三百丈 上方二十里 有太玄之泉 神草十九種 可度俗

신주 태행산은 하북평원河北平原과 산서고원山西高原 사이의 산맥으로서 북경시北京市, 하북성河北省, 산서성山西省, 하남성河南省의 4개 성시에 걸쳐 있다. 동북쪽에서 남서쪽으로 향하는데 북쪽이 높고 남쪽이 낮으며, 해발 1,500~2,000m 정도의 산들이 연해 있다. 상산, 즉 항산은 산서성山西省 혼원현渾源縣에 있으며 북악대제北嶽大帝라고도 불리는데 150㎞정도 뻗어 있고, 주봉인 천봉령天峰嶺은 해발 2,016m이다. 새북 제일명산塞北第一名山이라 불렸다. 산서성의 태행산과 상산을 거쳐 만나는 갈석산은 내륙의 갈석산이므로 황하로 들어가야 하는데, 여기에서는 바다로 들어가는 하북성 난하 부근의 갈석산으로 설명하고 있는데, 두 갈석산이 혼동되어 쓰이면서 헷갈린 것으로 여겨진다.

서경산西傾山, 주어산朱圉山, 조서산鳥鼠山에서 시작해① 태화산
太華山까지 이르렀다. 웅이산熊耳山, 외방산外方山, 동백산桐柏山
을 거쳐 배미산負尾山에 이르렀다.② 파총산嶓冢山에서 길을 터서
형산荊山까지 미쳤으며,③ 내방산內方山을 거쳐 대별산大別山까지
이르렀다.④ 문산汶山의 남쪽 기슭에서부터 시작해 형산衡山에 이
르렀으며,⑤ 아홉 줄기의 강물을 지나 부천원산敷淺原山까지 이르
렀다.⑥

西傾 朱圉 鳥鼠①至于太華 熊耳 外方 桐柏至于負尾② 道嶓冢 至于
荊山③ 內方至于大別④ 汶山之陽至衡山⑤ 過九江 至于敷淺原⑥

①西傾朱圉鳥鼠서경주어조서

집해   정현은 "〈지리지〉에 태화산太華山은 홍농弘農 화음華陰 남쪽에
있다."라고 했다. 공안국은 "조서산鳥鼠山에서는 위수渭水가 나오는데
농서隴西 서쪽에 있다."라고 했다.

【集解】 鄭玄曰 地理志曰朱圉在漢陽南 孔安國曰 鳥鼠山 渭水所山 在隴
西之西

집해   정현은 "〈지리지〉에 태화산은 홍농의 화음華陰 남쪽에 있다."
라고 했다.

【集解】 鄭玄曰 地理志太華山在弘農華陰南

색은 '어圍' 자가 다른 곳에서는 '어圖' 자로 되어 있다. 주어산朱圍山은 천수군天水郡 기현冀縣 남쪽에 있다. 조서산鳥鼠山은 농서 수양현首陽縣 서남에 있다. 태화산은 곧 돈물산敦物山이다.

【索隱】 圍 一作 圖 朱圍山在天水冀縣南 鳥鼠山在隴西首陽縣西南 太華即敦物山

②熊耳外方桐柏至于負尾웅이외방동백지우배미

집해 정현은 〈지리지〉에 웅이熊耳는 노지현盧氏縣 동쪽에 있다. 외방外方은 영천潁川에 있다. 숭고산崇高山과 동백산桐柏山은 남양南陽의 평지현平氏縣 동남쪽에 있다. 배미陪尾는 강하江夏의 안육安陸 동북쪽에 있으며 황미黃尾와 같다."고 했다.

【集解】 鄭玄曰 地理志熊耳在盧氏東 外方在潁川 嵩高山 桐柏山在南陽平氏東南 陪尾在江夏安陸東北 若橫尾者

색은 웅이산은 홍농 노지현 동쪽에 있으며 이수伊水가 나오는 곳이다. 외방산外方山은 곧 영천군潁川郡 숭고현崇高縣의 숭고산인데, 《고문상서》에는 또한 외방산外方山이라고 했다. 동백산은 일명 대부산大復山이라고 하는데, 남양南陽의 평지현 동남쪽에 있다. 배미산陪尾山은 강하江夏 안육현安陸縣 동북쪽에 있는데 〈지리지〉에서는 횡미산橫尾山이라고 했다. 負는 '배陪'로 발음한다.

【索隱】 熊耳山在弘農盧氏縣東 伊水所出 外方山即潁川嵩高縣嵩高山 古文尚書亦以爲外方山 桐柏山一名大復山 在南陽平氏縣東南 陪尾山在江夏

安陸縣東北 地理志謂之橫尾山 負音陪也

정의 《괄지지》에는 "화산華山은 화주華州 화음현華陰縣 남쪽 8리에
있다. 웅이산은 괵주虢州 노지현 남쪽 50리에 있다. 숭고산은 또한 태실
산太室山이라고 부르며 또한 외방산이라고도 부르는데 낙주洛州 양성현
陽城縣 북쪽 23리에 있다. 동백산桐柏山은 당주唐州 동백현 동남쪽 50리
에 있으며 회수淮水가 나오는 곳이다. 횡미산橫尾山은 옛날 배미산陪尾
山이다. 안주安州 안육현安陸縣 북쪽 60리에 있다."고 했다.

【正義】 括地志云 華山在華州華陰縣南八里 熊耳山在虢州盧氏縣南五十
里 嵩高山亦名太室山 亦名外方山 在洛州陽城縣北二十三里也 桐柏山
在唐州桐柏縣東南五十里 淮水出焉 橫尾山 古陪尾山也 在安州安陸縣北
六十里

③道嶓冢至于荊山도파총지우형산

집해 정현은 "〈지리지〉에 형산荊山은 남군南郡 임저臨沮에 있다."고
했다.

【集解】 鄭玄曰 地理志荊山在南郡臨沮

색은 이것은 동조東條의 형산荊山이며 남군 임저현 동북쪽 모퉁이에
있다.

【索隱】 此東條荊山 在南郡臨沮縣東北隅也

《괄지지》에는 "파총산嶓冢山은 양주梁州에 있다. 형산荊山은
양주襄州 형산현荊山縣 서쪽 80리에 있다."고 했다. 또 이르기를 "형산
현은 본래 한漢 임저현 땅이다. 저수沮水는 곧 한수漢水이다."라고 했다.
살펴보니 손숙오孫叔敖가 저수沮水를 갈라 흐르게 하여 운몽택雲夢澤을
만들었다고 한 것이 이것이다.

【正義】 括地志云 嶓冢山在梁州 荊山在襄州荊山縣西八十里也 又云 荊山
縣本漢臨沮縣地也 沮水即漢水也 按 孫叔敖激沮水爲雲夢澤是也

④內方至于大別내방지우대별

집해 정현은 "〈지리지〉에 내방內方은 경릉竟陵에 있고 입장산立章山
이라 부른다. 대별大別은 여강廬江 안풍현安豐縣에 있다."고 했다.

【集解】 鄭玄曰 地理志內方在竟陵 名立章山 大別在廬江安豐縣

색은 내방산은 경릉현竟陵縣 동북쪽에 있다. 대별산은 안육국安陸國
안풍현安豐縣에 있는데 지금 그 땅의 사람들은 증산甑山이라고 이른다.

【索隱】 內方山在竟陵縣東北 大別山在六安國安豐縣 今土人謂之甑山

정의 《괄지지》에는 "장산章山은 형주荊州 장림현長林縣 동북쪽 60
리에 있다. 지금 한수漢水가 장산章山의 동쪽에 붙어 있는데 경사經史의
기록과 들어맞는다."라고 했다. 살피건대 대별산大別山은 지금 사주沙州
의 산 위에 있고 한강漢江은 그 왼쪽을 거치는데 지금 속세에서는 오히
려 증산甑山이라고 이른다. 주석에 "안풍安豐에 있다."라고 했는데 한수

漢水가 지나는 곳이 아니다.

【正義】 括地志云 章山在荊州長林縣東北六十里 今漢水附章山之東 與經史符會 按 大別山 今沙洲在山上 漢江經其左 今俗猶云甑山 注云 在安豐 非漢所經也

⑤汶山之陽至衡山문산지양지형산

색은 형산衡山은 장사長沙 상남현湘南縣 동남쪽에 있다. 《광아廣雅》에는 "구루岣嶁는 형산을 이른 것이다."라고 했다.

【索隱】 在長沙湘南縣東南 廣雅云 岣嶁謂之衡山

정의 《괄지지》에는 "민산岷山은 무주茂州 문천현汶川縣에 있다. 형산은 형주衡州 상담현湘潭縣 서쪽 41리에 있다."라고 했다.

【正義】 括地志云 岷山在茂州汶川縣 衡山在衡州湘潭縣西四十一里

⑥過九江至于敷淺原과구강지우부천원

집해 서광은 "천淺을 다른 곳에서는 멸滅이다."라고 했다. 배인이 살펴보니 공안국은 "부천원敷淺原은 일명 부양산傅陽山이고 예장豫章에 있다."라고 했다.

【集解】 徐廣曰 淺 一作 滅 駰案 孔安國曰 敷淺原一名傅陽山 在豫章

색은 예장 역릉현歷陵縣 남쪽에 부양산傅陽山이 있는데 일명 부천원

敷淺原이다.

【索隱】 豫章歷陵縣南有傅陽山 一名敷淺原也

아홉 강을 소통시키다

9개의 강을 소통시켰다.^① 약수弱水는 합려산合黎山으로 흐르게
했고,^② 나머지는 유사流沙로 들어가게 했다.^③ 흑수黑水의 물을
인도해 삼위산三危山쪽으로 흐르게 하니 남쪽 바다로 흘러 들어
갔다.^④

道九川^① 弱水至於合黎^② 餘波入于流沙^③ 道黑水 至于三危 入于南海^④

①九川구천

색은 약수弱水·흑수黑水·하수河水·양수瀁水·강수江水·연수沇
水·회수淮水·위수渭水·낙수洛水를 구천九川으로 여겼다.

【索隱】 弱 黑 河 瀁 江 沇 淮 渭 洛爲九川

②弱水至於合黎약수지어합려

정현은 "〈지리지〉에 약수는 장액張掖현에서 나온다."라고 했다.
공안국은 "합려合黎는 물 이름이고 유사流沙(사막) 동쪽에 있다."고 했다.
【集解】 鄭玄曰 地理志弱水出張掖 孔安國曰 合黎 水名 在流沙東

《수경》에 "합려산合黎山은 주천酒泉 회수현會水縣 동북쪽에 있
다."고 했다. 정현은 《지설地說》을 인용해 또한 그렇다고 했다. 공안국은
물의 이름이라고 말했고, 마땅히 그 산에 물이 있어야 했지만 기록한
바가 각각 동일하지 않은 것이다.
【索隱】 水經云合黎山在酒泉會水縣東北 鄭玄引地說亦以爲然 孔安國云
水名 當是其山有水 故所記各不同

《괄지지》에는 "난문산蘭門山은 일명 합려산이라고 하고 일명
궁석산窮石山이라고도 하는데 감주甘州 산단현刪丹縣 서남쪽 70리에 있
다."《회남자》에는 "약수의 수원水源은 궁석산에서 나온다."라고 하고,
또 이르기를 "합려는 일명 강곡수羌谷水, 일명 선수鮮水, 일명 복표수
覆表水라고 하는데, 지금의 이름은 부투하副投河이고 또 장액하張掖河
라고도 하고, 남쪽은 토곡혼吐谷渾의 경계에서부터 흘러 감주甘州 장액
현張掖縣으로 들어간다."고 했다. 지금 살펴보니 합려수는 임송현臨松縣
임송산臨松山 동쪽에서 나와 북쪽으로 흘러 장액의 옛 성 아래를 거치
고, 또 북쪽으로 흘러 장액현의 23리를 거치며 또 북쪽으로 흘러 합려
산을 거치고는 꺾여서 북쪽으로 흘러 유사적流沙磧 서쪽을 거쳐 거연

해居延海로 들어가 1,500리를 간다. 합려산은 장액현 서북쪽 200리에 있다.

【正義】 括地志云 蘭門山 一名合黎 一名窮石山 在甘州刪丹縣西南七十里 淮南子云 弱水源出窮石山 又云 合黎 一名羌谷水 一名鮮水 一名覆表水 今名副投河 亦名張掖河 南自吐谷渾界流入甘州張掖縣 今按 合黎水出臨松縣臨松山東 而北流歷張掖故城下 又北流經張掖縣二十三里 又北流經合黎山 折而北流 經流沙磧之西入居延海 行千五百里 合黎山 張掖縣西北二百里也

③餘波入于流沙여파입우류사

[집해] 공안국은 "약수의 남은 물결은 서쪽으로 흘러넘쳐 유사流沙로 들어간다."고 했다. 정현은 〈지리지〉에 유사는 거연居延 동북쪽에 있어서 이름을 거연택居延澤이라고 한다."고 했다. 《지기地記》에는 "약수는 서쪽으로 흘러 합려산의 중턱으로 들어가고 나머지의 흐름은 유사流沙로 들어가 남해南海로 통한다."라고 했다. 마융과 왕숙은 모두 합려合黎와 유사流沙는 지명地名이라고 했다.

【集解】 孔安國曰 弱水餘波西溢入流沙 鄭玄曰 地理志流沙在居延 東北 名居延澤 地記曰 弱水西流入合黎山腹 餘波入于流沙 通于南海 馬融 王肅 皆云合黎 流沙是地名

[색은] 〈지리지〉에는 "장액의 거연현 서북쪽에 거연택이 있는데 고문古文에는 유사流沙라고 한다."고 했다. 《광지廣志》에는 "유사流沙는 옥

문관玉門關 밖에 있으며 거연택과 거연성이 있다.”고 했다. 또 《산해경》
에는 “유사는 종산鐘山에서 나와 서남쪽으로 곤륜허로 흘러 바다로 들
어간다.“고 했다. 조사해보니 이 땅에는 겸해서 물이 있다. 그러므로 일
설에는 지명地名이라고 하고 일설에는 수명水名이라고 했다. 마융과 정
현의 설이 동일하지 않은 것은 그럴만한 이유가 있었다.

【索隱】 地理志云 張掖居延縣西北有居延澤 古文以爲流沙 廣志 流沙在玉
門關外 有居延澤 居延城 又山海經云 流沙出鐘山 西南行昆侖墟入海 按 是
地兼有水 故一云地名 一云水名 馬鄭不同 抑有由也

④道黑水至于三危入于南海도흑수지우삼위입우남해

집해 정현은 “〈지리지〉에 익주益州 전지滇池에는 흑수사黑水祠가 있
는데, 이 산이 물이 있는 곳은 기록하지 않았다. 《지기地記》에는 삼위산
은 조서鳥鼠의 서남쪽에 있다.”고 했다.” 공안국은 “흑수는 북쪽에서 남
쪽으로 흘러서 삼위산을 거쳐 양주梁州를 지나 남해南海로 들어간다.”
고 했다.

【集解】 鄭玄曰 地理志益州滇池有黑水祠 而不記此山水所在 地記曰 三危
山在鳥鼠之西南 孔安國曰 黑水自北而南 經三危過梁州 入南海也

정의 《괄지지》에는 “흑수의 수원은 이주伊州 이오현伊吾縣 북쪽
120리에서 나오는데, 또 남쪽으로 2,000리를 흘러서 끊어진다. 삼위산
은 사주沙州 돈황현 동남쪽 40리에 있다.”고 했다. 살펴보니 남해는 곧
양주揚州 동쪽 대해大海인데, 민강岷江 아래 양주 동쪽에 이르러 바다

로 들어간다. 그 흑수의 수원은 이주에 있으며 이주의 동남쪽 3,000여 리를 따라 선주鄯州에 이르고 선주 동남쪽 400여 리에서 하주河州에 이르러 황하로 들어간다. 하주에는 소적석산少積石山이 있는데 곧《서경》〈우공禹貢〉편에서 '부어적석 지어용문浮於積石 至於龍門'(적석산 기슭에서 배를 띄워 용문산에 이른다)이라고 한 것이다.

그러나 황하의 수원은 서남쪽 아래로 내려와 대곤륜大崑崙의 동북쪽 모퉁이에서 나와 동북쪽으로 흘러 전圖을 거쳐 염택鹽澤으로 들어가니, 곧 동남쪽으로 숨어 흘러서 토곡혼吐谷渾의 경내인 대적석산大積石山으로 들어가고, 또 동북쪽으로 흘러 소적석산에 이르며 또 동북쪽으로 흐르니 온 곳이 지극히 멀다. 그 흑수는 홍수洪水를 만나 황하를 따라 합쳐서 흘러가는데, 어찌 남해로 들어갈 수 있겠는가? 남해는 여기에서 거리가 매우 멀고 또 남산南山·농산隴山·민산岷山의 무리들과는 떨어져 있다. 당시 홍수洪水가 넓고 넓게 번지고, 서융西戎 지역은 깊은 공로를 이루지 않았기 때문에 고문古文에는 소략疏略함이 있었기 때문이다.

【正義】 括地志云 黑水源出伊州伊吾縣北百二十里 又南流二千里而絕 三危山在沙州燉煌縣東南四十里 按 南海即揚州東大海 岷江下至揚州東入海也 其黑水源在伊州 從伊州東南三千餘里至鄯州 鄯州東南四百餘里至河州 入黃河 河州有小積石山 即禹貢 浮於積石 至於龍門 者 然黃河源從西南下出大崑崙東北隅 東北流經于闐 入鹽澤 即東南潛行入吐谷渾界大積石山 又東北流 至小積石山 又東北流 來處極遠 其黑水 當洪水時合從黃河而行 何得入于南海 南海去此甚遠 阻隔南山 隴山 岷山之屬 當是洪水浩浩處 西戎不深致功 古文故有疏略也

당나라 때 《정의》를 주석한 장수절이 보기에도 하나라의 강이 남해로 흘러들어간다는 것은 과장이라고 비판한 것이다.

황하黃河를 소통시켜 적석산積石山을 거쳐① 용문산龍門山에 이르게 했고, 남으로는 화산華山 북쪽 기슭에 이르게 했으며,② 동으로 지주산砥柱山에 이르렀다가③ 다시 동으로 흘러 맹진盟津에 이르게 했다.④ 다시 동으로 낙수雒水의 물굽이를 지나 대비산大邳山에 이르게 했다.⑤ 북으로 강수降水를 지나 대륙호大陸湖에 이르도록 했고,⑥ 다시 북으로 아홉 줄기로 나누어지게 했다가 함께 역하逆河가 되어⑦ 바다로 들어가게 했다.⑧

道河積石① 至于龍門 南至華陰② 東至砥柱③ 又東至于盟津④ 東過雒汭 至于大邳⑤ 北過降水 至于大陸⑥ 北播爲九河 同爲逆河⑦ 入于海⑧

---

①道河積石도하적석

색은 《이아》에는 "하수는 곤륜허昆侖墟에서 나오는데 그 색이 하얗다."고 했다. 《한서》〈서역西域열전〉에는 "하수는 2개의 수원水源이 있는데 하나는 총령산蔥嶺山에서 나오고 하나는 우전산于闐山에서 나온다. 우전하于闐河는 북쪽으로 흘러 총령산에서 나온 하수와 합해져 동쪽으로 포창해蒲昌海로 쏟아져 들어가는데 일명 염택鹽澤이다. 그 물이 머물러 있는데 겨울이나 여름에도 더해지거나 덜해지지 않고 땅 속으로 숨어 흘러 남쪽 적석산에서 나와 중국의 하수河水가 된다.'고 했다. 이 하수의 근원은 곤륜산에서 일어나는데 우禹임금이 하수를 적석산으로부터 인도하여 공로가 더해진 것이다.

【索隱】 爾雅云 河出昆侖墟 其色白 漢書西域傳云 河有兩源 一出蔥嶺 一出于闐 于闐河北流 與蔥嶺河合 東注蒲昌海 一名鹽澤 其水停居 冬夏不增減 潛行地中 南出積石爲中國河 是河源發昆侖 禹導河自積石而加功也

②華陰화음

집해 공안국은 "화산華山 북쪽에 이르러 동쪽으로 흐른다."라고 했다.
【集解】 孔安國曰 至華山北而東行

정의 화음현華陰縣은 화산華山 북쪽에 있는데 본래 위魏의 음진현陰晉縣으로서 진秦 혜문왕惠文王이 이름을 영진寧秦이라고 고치고 한漢나라 고제高帝(유방)가 화음華陰이라고 고쳤다.
【正義】 華陰縣在華山北 本魏之陰晉縣 秦惠文王更名寧秦 漢高帝改曰華陰

③砥柱지주

집해 공안국은 "지주砥柱는 산 이름이다. 하수가 나누어 흘러서 이 산을 감싸고 지나므로 산이 물속에 있는 기둥처럼 보여서 지주라고 한 것이다. 서괵西虢의 경내에 있다."라고 한다.
【集解】 孔安國曰 砥柱 山名 河水分流 包山而過 山見水中 若柱然也 在西

虢之界

정의 지주산은 속명俗名 삼문산三門山인데, 우禹임금이 이 산을 파서 하수를 세 갈래로 인도했다. 그러므로 삼문이라고 했다.

【正義】 砥柱山俗名三門山 禹鑿此山 三道河水 故曰三門也

④盟津맹진

집해 공안국은 "낙수 북쪽에 있다."라고 했다.

【集解】 孔安國曰 在洛北

색은 맹盟은 옛날에는 맹孟자로 썼다. 맹진孟津은 하양河陽에 있다. 《십삼주기十三州記》에 "하양현河陽縣은 하수의 위에 있으니 곧 맹진이다."라고 한 것이 이것이다.

【索隱】 盟古孟字 孟津在河陽 十三州記云 河陽縣在河上 即孟津 是也

정의 두예杜預는 "맹盟은 하내군河內郡 하양현 남쪽의 맹진이며 낙양성 북쪽에 있다. 수로가 모이는 길로서 옛날이나 지금이나 진津이 되었고, 무왕武王(주 무왕)이 이곳을 건넜기 때문에 근래에는 무제武濟(무왕이 건넌 곳)라고 호칭한다."라고 했다. 《괄지지》에는 "맹진은 주무왕周武王이 주紂(은나라 마지막 주왕)를 정벌할 때 800여 제후와 함께 맹진에서 모인 곳이다. 또한 맹진이라 하고 부평진富平津이라고도 한다. 《수경》에서는 소평진小平津이라고 했는데 지금 하양진河陽津이라고 이르는 곳이 이곳이다."라고 했다.

【正義】 杜預云 盟 河內郡河陽縣南孟津也 在洛陽城北 都道所湊 古今爲
津 武王度之 近代呼爲武濟 括地志云 盟津 周武王伐紂 與八百諸侯會盟津
亦曰孟津 又曰富平津 水經云小平津 今云河陽津是也

⑤東過洛汭至于大邳동과낙예지우대비

<u>집해</u>　공안국은 "낙예洛汭(락수가 도는 물굽이)는 낙수가 하수로 들어
가는 곳이다. 산이 겹쳐 이루어진 곳을 비邳라고 한다."라고 했다.

【集解】 孔安國曰 洛汭 洛入河處 山再成曰邳

<u>색은</u>　《이아》에는 "산이 하나로 이루어진 것을 비邳이다."라고 했다.
어떤 이는 성고현成皐縣의 산이 비산이라고 했다.

【索隱】 爾雅云 山一成曰邳 或以爲成皐縣山是

<u>정의</u>　이순李巡은 "산이 두 번 겹쳐진 것은 영英이고 한 번 겹쳐진 것
이 비邳이다."라고 했다. 《괄지지》에는 "대비산大邳山의 지금 이름은 여
양黎陽 동쪽 산으로 또 청단산靑壇山이라고도 하는데, 위주衛州 여양黎
陽 남쪽 7리에 있다. 장읍張揖을 지금의 성고成皐라고 이른 것은 잘못된
것이다."라고 했다.

【正義】 李巡云 山再重曰英 一重曰邳 括地志云 大邳山 今名黎陽東山 又
曰青檀山 在衛州黎陽南七里 張揖云今成皐 非也

⑥北過降水至于大陸북과강수지우대륙

집해 정현은 "〈지리지〉에 강수降水는 신도信都 남쪽에 있다."라고 했다. 공안국은 "대륙大陸은 택명澤名(호수 이름 대륙택)이다."라고 했다.
【集解】 鄭玄曰 地理志降水在信都南 孔安國曰 大陸 澤名

색은 〈지리지〉에 강수降水 글자는 '계系'를 따른 것으로, 신도국信都國으로 나와 호지虖池·장하수漳河水와 함께 나란히 흘러 바다로 들어간다고 했다. 대륙은 거록군鉅鹿郡에 있다. 《이아》에는 "진晉나라에 대륙大陸이 있다."고 했는데 곽박郭璞은 이 택澤으로 여겼다.
【索隱】 地理志降水字從 系 出信都國 與虖池 漳河水並流入海 大陸在鉅鹿郡 爾雅云 晉有大陸 郭璞以爲此澤也

정의 《괄지지》에는 "강수降水의 수원은 노주潞州 둔유현屯留縣 서남쪽에서 나와 동북쪽으로 흘러 기주冀州에 이르러 바다로 들어간다."고 했다.
【正義】 括地志云 降水源出潞州屯留縣西南 東北流 至冀州入海

⑦北播爲九河同爲逆河북파위구하동위역하

집해 정현은 "내려와 물꼬리가 합쳐져서 이름이 역하逆河인데 서로 향해서 맞이하여 받아들이는 것을 말한 것이다."라고 했다.
【集解】 鄭玄曰 下尾合名曰逆河 言相向迎受也

북쪽으로 아홉 줄기로 나누어지게 했다가 다시 합쳐져서 황하
로 모인다는 뜻이다.

⑧入于海입우해

파播는 포布(퍼지다)이다. 하수가 기주冀州에 이르러 나누어 퍼
져서 구하九河가 되었다가 내려가 창주滄州에 이르러 다시 합해져서 대
하大河가 되므로 역하逆河라고 불렀는데, 오른쪽으로 갈석산碣石山을
끼고 발해渤海로 들어간다.

【正義】 播 布也 河至冀州 分布爲九河 下至滄州 更同合爲一大河 名曰逆
河 而夾右碣石入于渤海也

파총산嶓冢山의 양수瀁水를 소통시켜 동쪽으로 흐르게 하니 한
수漢水가 되었다.① 다시 동으로 흘러 창랑지수蒼浪之水를 이루었
으며,② 삼서三澨를 지나 대별산大別山에 이르러③ 남으로 장강長
江에 흘러 들어갔는데, 동쪽으로 괸 물이 팽려호彭蠡湖를 이루었
으며,④ 또 동으로는 북강北江이 되어 바다로 들어갔다.⑤
嶓冢道瀁 東流爲漢① 又東爲蒼浪之水② 過三澨 入于大別③ 南入于
江 東匯澤爲彭蠡④ 東爲北江 入于海⑤

①嶓冢道瀁東流爲漢파총도양동류위한

집해 정현은 "〈지리지〉에 양수漾水는 농서隴西의 저도氐道에서 나와 무도武都에 이르러 한수漢水가 되고 강하江夏에 이르러 하수夏水가 된다."고 했다.

【集解】 鄭玄曰 地理志漾水出隴西氐道 至武都為漢 至江夏謂之夏水

색은 《수경》에는 양수는 농서의 저도현 파총산嶓冢山에서 나와 동쪽으로 무도의 저현沮縣에 이르러 한수가 된다고 한다. 〈지리지〉에는 강하에 이르면 하수夏水라고 일렀다. 《산해경》에는 또한 한수는 파총산에서 나온다고 했다. 그러므로 공안국은 "샘이 처음으로 산에서 나와 양수漾水가 되고 동남쪽으로 흘러 면수沔水가 되고 한중漢中에 이르러 동쪽으로 흘러 한수漢水가 된다."라고 했다.

【索隱】 水經云漾水出隴西氐道縣嶓冢山 東至武都沮縣爲漢水 地理志云至江夏謂之夏水 山海經亦以漢出嶓冢山 故孔安國云 泉始出山爲漾水 東南流爲沔水 至漢中東流爲漢水

정의 《괄지지》에는 "파총산의 물은 처음에는 산의 저여沮洳(습지)에서 나오므로 저수沮水라고 한다. 동남쪽에서는 양수漾水가 되고 또 면수沔水도 된다. 한중漢中에 이르러서는 한수漢水가 되고 균주均州에 이르러 창랑수滄浪水가 된다. 비로소 대강大江으로 나오라고 하면서 하구夏口가 되고 또 면구沔口라고 한다. 한강漢江은 일명 면강沔江이라고도 한다."고 했다.

【正義】 括地志云 嶓冢山水始出山沮洳 故曰沮水 東南爲漾水 又爲沔水 至漢中爲漢水 至均州爲滄浪水 始欲出大江爲夏口 又爲沔口 漢江一名沔江也

②蒼浪之水창랑지수

집해 공안국은 "별도로 흐른다. 형주荊州에 있다."고 했다.

【集解】 孔安國曰 別流也 在荊州

색은 마융과 정현은 모두 창랑수를 하수夏水라고 했는데 곧 한하漢河가 별도로 흐르는 것이다. (굴원의)〈어부가漁父歌〉에서 '창랑지수청혜가이탁오영滄浪之水清兮, 可以濯吾纓'(창랑수가 맑으면 내 갓끈을 씻으리)'라고 한 것이 이 물을 뜻한다.

【索隱】 馬融 鄭玄皆以滄浪爲夏水 即漢河之別流也 漁父歌曰 滄浪之水清兮 可以濯吾纓 是此水也

정의 《괄지지》에는 "균주均州 무당현武當縣에 창랑수가 있다."고 했다. 유중옹庾仲雍의 《한수기漢水記》에는 "무당현 서쪽 40여 리 한수漢水 안에 모래톱이 있는데 이름을 창랑주滄浪洲라고 한다."고 했다.《지기地記》에는 "물이 형산荊山에서 나와 동남쪽으로 흘러서 창랑수滄浪水가 된다."고 했다.

【正義】 括地志云 均州武當縣有滄浪水 庾仲雍漢水記云 武當縣西四十里 漢水中有洲 名滄浪洲也 地記云 水出荊山 東南流爲滄浪水

③過三澨入于大別과삼서입우대별

집해 공안국은 "삼서三澨는 수명水名이다."라고 했다. 정현은 "강하

江夏 경릉竟陵의 경내에 있다."고 했다.

【集解】 孔安國曰 三澨 水名 鄭玄曰 在江夏竟陵之界

[색은] 《수경》에는 "삼서는 지명이다. 남군南郡 기현邔縣 북쪽에 있다."
고 했다. 공안국과 정현은 수명水名이라고 했다. 지금 경릉竟陵에는 삼
삼수三參水가 있는데 세속에서는 이것을 삼서수三澨水라고 말한다.

【索隱】 水經云 三澨 地名 在南郡邔縣北 孔安國 鄭玄以爲水名 今竟陵有
三參水 俗云是三澨水 參音去聲

④東匯澤爲彭蠡동회택위팽려

[집해] 공안국은 "회匯는 도는 것[回]이다. 물이 동쪽에서 돌아 팽려彭
蠡 대택大澤이 된다."고 했다.

【集解】 孔安國曰 匯 回也 水東回爲彭蠡大澤

⑤東爲北江入于海동위북강입우해

[집해] 공안국은 "팽려로부터 강수가 세 길로 나누어져 진택震澤으로
들어가 드디어 북강北江이 되어 바다로 들어간다."고 했다.

【集解】 孔安國曰 自彭蠡 江分爲三道入震澤 遂爲北江而入海

문산汶山에서 강수江水를 소통시키니 동쪽에서 따로 타수沱水
가 되었다. 다시 동으로 흘러 예수醴水에 이르게 했으며,[①] 구강
九江을 지나 동릉東陵에 이르게 하고[②] 동쪽에서 넘쳐흐르는 것
은 북쪽의 팽려호彭蠡湖에 모이게 해서[③] 동쪽에서 중강中江이
되어 바다로 들어갔다.[④]

汶山道江 東別爲沱 又東至于醴[①] 過九江 至于東陵[②] 東池北會于匯[③]
東爲中江 入于海[④]

①汶山道江東別爲沱又東至于醴문산도강동별위타지동지우예

집해 공안국과 마융과 왕숙이 모두 "예醴는 수명水名이다."라고 했
다. 정현은 "예醴는 능명陵名이다. 큰 언덕을 능陵이라고 한다. 장사長沙
에 예릉현醴陵縣이 있다."고 했다.
【集解】 孔安國及馬融 王肅皆以醴爲水名 鄭玄曰 醴 陵名也 大阜曰陵 長
沙有醴陵縣

색은 살펴보니 소인騷人(시인)이 노래하기를 '탁여패어예포濯余佩於醴
浦'(내 차고 있는 패옥을 예포에서 씻는다)라고 했으니 예醴는 수명水名이 명백
하다. 공안국과 마융의 해석이 그 진실을 얻었다. 또 우희虞喜의《지림志
林》에는 "예는 이 강수江水와 원수沅水가 따로 흐르는 것이고, 예醴 자
는 '풍澧' 자라고 했다.

【索隱】 按 騷人所歌 濯余佩於醴浦 明醴是水 孔安國 馬融解得其實 又虞
喜志林以醴是江 沅之別流 而醴字作 澧也

신주 굴원屈原의 작품으로 알려진 구가九歌의 상군湘君에 '연여결혜
강중, 유여패어예포捐余玦兮江中, 遺余佩於醴浦'(내 지닌 반지를 강물에 던지고, 내
두른 패옥을 예포에 버린다)'라는 시가 있다. 여기에서 예포가 풍수澧水이다.

②東陵동릉

집해 공안국은 "동릉東陵은 지명地名이다."라고 했다.
【集解】 孔安國曰 東陵 地名

③東池北會于匯동지북회우회

집해 공안국은 "이池는 넘치는 것이다. 동쪽으로 넘쳐서 나누어 흘
러 머물렀다가, 모두 함께 북쪽의 팽려彭蠡로 모인다."고 말했다.
【集解】 孔安國曰 池 溢也 東溢分流都共北會彭蠡

④東爲中江入于梅동위중강입우해

집해 공안국은 "북北이 있고 중中이 있으면 남쪽을 가히 알 수 있
다."고 했다.
【集解】 孔安國曰 有北有中 南可知也

《괄지지》에는 "〈우공禹貢〉에 3개의 강江이 함께 팽려彭蠡에 모여서 합쳐져 하나의 강이 되어 바다로 들어간다."고 했다.

【正義】 括地志云 禹貢三江俱會于彭蠡 合爲一江 入于海

연수沈水를 소통시키니 동쪽으로 흘러 제수濟水가 되어 황하로 들어갔으며, 넘친 물줄기는 형수滎水가 되었다가[1] 동쪽에서 도구陶丘 북쪽으로 나오고,[2] 다시 동으로 흘러 하택荷澤에 이르렀으며[3] 또 동북으로 흐르게 하여 문수汶水와 합치고[4] 다시 북동쪽으로 흘러 바다로 들어갔다. 동백산桐柏山으로부터 회수淮水를 소통시키니[5] 동쪽에서 사수泗水와 기수沂水를 모아 동으로 바다로 흘러 들어갔다.[6]

道沈水 東爲濟 入于河 泆爲滎[1] 東出陶丘北[2] 又東至于荷[3] 又東北會于汶[4] 又東北入于海 道淮自桐柏[5] 東會于泗 沂 東入于海[6]

---

①道沈水東爲濟入于河泆爲滎도연수동위제입우하일위영

집해 정현은 "〈지리지〉에 연수沈水는 하동의 원현垣縣 동쪽 왕옥산王屋山에서 나와 동쪽으로 하내河內의 무덕武德에 이르러 하수로 들어가는데, 넘치는 것은 형수滎水가 된다."라고 했다. 공안국은 "제수濟水는 온현溫縣 서북쪽에 있다. 형택滎澤은 오창敖倉의 동남쪽에 있다."고 했다.

【集解】 鄭玄曰 地理志沈水出河東垣縣東王屋山 東至河內武德入河 泆爲
滎 孔安國曰 濟在溫西北 滎澤在敖倉東南

색은 《수경》에는 "하동 원현 왕옥산에서 동쪽으로 흘러 연수沈水가
되고 온현의 서북쪽에 이르러서 제수濟水가 된다."고 했다.
【索隱】 水經云 自河東垣縣王屋山東流爲沈水 至溫縣西北爲濟水

정의 《괄지지》에는 "연수沈水는 회주懷州 왕옥현王屋縣 북쪽 10리
왕옥산정王屋山頂에서 나와 바위 아래 석천石泉에 멈춰서 흐르지 않는데
그 깊이를 측량하지 못하고, 드러났다 숨었다가 하면서 제원현濟原縣 서
북쪽 2리 되는 평지에 이르는데, 그 수원이 거듭 일어나서 동남쪽으로
흘러 사수汜水가 된다."고 했다. 《수경》에는 "연수는 동쪽으로 온현溫縣
서북쪽에 이르러 자수泲水가 되고 또 남쪽으로 공현鞏縣 북쪽에 당도해
남쪽으로 하수로 들어간다."고 했다. 《이아》〈석명釋名〉에는 "제濟는 '건
넌다'는 뜻이다."라고 했다. 살펴보니 제수濟水는 하수로 들어가 남쪽으
로 하수의 남쪽 언덕을 끊으며 건너서 형택滎澤으로 넘치는데 정주鄭州
형택현滎澤縣 서북쪽 4리에 있다. 지금은 물은 없고 평지를 이루고 있다.
【正義】 括地志云 沈水出懷州王屋縣北十里王屋山頂 巖下石泉亭不流 其
深不測 既見而伏 至濟源縣西北二里平地 其源重發 而東南流 爲汜水 水經
云沈東至溫縣西北爲泲水 又南當鞏縣之北 南入于河 釋名云 濟者 濟也 下
濟 子細反 按 濟水入河而南 截度河南岸溢滎澤 在鄭州滎澤縣西北四里 今
無水 成平地

②東出陶丘北동출도구북

공안국은 "도구陶丘는 언덕이 두 번 거듭되어 이루어진 것이다."라고 했다. 정현은 "〈지리지〉에 도구陶丘는 제음濟陰 정도定陶현 서남쪽에 있다고 했다."고 했다.

【集解】 孔安國曰 陶丘 丘再成者也 鄭玄曰 地理志陶丘在濟陰定陶西南

《괄지지》에는 "도구는 복주濮州 견성鄄城 서남쪽 24리에 있다."라고 했다. 또 이르기를 조주성曹州城 안에 있다. 서재종徐才宗의 《국도성기國都城記》에는 "이 성안에는 높은 언덕이 있는데 곧 옛날의 도구陶丘이다."라고 했다.

【正義】 括地志云 陶丘在濮州鄄城西南二十四里 又云在曹州城中 徐才宗國都城記云此城中高丘 即古之陶丘

③荷하

공안국은 "하택荷澤의 물이다."라고 했다.

【集解】 孔安國曰 荷澤之水

④汶문

〈지리지〉에는 "문수汶水는 태산군泰山郡 내무현萊蕪縣 원산原山에서 나와 서남쪽의 자수泲水로 들어간다."고 했다.

【正義】 汶音問 地理志云汶水出泰山郡萊蕪縣原山 西南入泲

⑤淮自桐柏회자동백

정의 〈지리지〉에는 "동백산桐柏山은 남양南陽 평지현平氏縣 동남쪽에 있고 회수淮水가 나오는 곳이다."라고 했다. 살펴보니 당주唐州 동쪽 50 여 리에 있다.

【正義】 地理志云桐柏山在南陽平氏縣東南 淮水所出 按 在唐州東五十餘里

⑥泗沂東入于海사기동입우해

집해 공안국은 "(회수는) 사수泗水와 기수沂水의 두 물이 합류해서 바다로 들어간다."라고 했다.

【集解】 孔安國曰 與泗 沂二水合入海

위수渭水를 조서동혈산鳥鼠同穴山에서① 소통시키니 동으로 흘러
풍수灃水와 합치고② 다시 동북으로 흘러 경수涇水에 이르렀으며③
동쪽에서 칠수漆水와 저수沮水를 지나 황하로 들어갔다.④ 낙수雒
水를 웅이산熊耳山에서 소통시키니⑤ 동북으로 흘러 간수澗水·전
수瀍水와 합치고⑥ 다시 동으로 흘러 이수伊水와 만나고⑦ 다시 동
북으로 흘러 황하로 들어간다.⑧

道渭自鳥鼠同穴① 東會于灃② 又東北至于涇③ 東過漆 沮 入于河④ 道
雒自熊耳⑤ 東北會于澗 瀍⑥ 又東會于伊⑦ 東北入于河⑧

①鳥鼠同穴조서동혈

[집해] 공안국은 "새와 쥐는 수컷과 암컷이 같은 구멍에서 살므로 이
산을 '조서鳥鼠'라고 이름지었는데, 위수渭水가 나오는 곳이다."라고 했다.
【集解】 孔安國曰 鳥鼠共爲雄雌同穴處 此山遂名曰鳥鼠 渭水出焉

[정의] 《괄지지》에는 "조서산鳥鼠山은 지금은 이름이 청작산靑雀山인
데 위주渭州 위원현渭原縣 서쪽 76리에 있다."라고 했다. 《산해경》에는
"조서동혈산鳥鼠同穴山에서 위수渭水가 나온다."고 했다. 곽박의 주석에
는 "지금 농서 수양산 서남쪽에 있다. 산에는 조서동혈鳥鼠同穴(새와 쥐가
함께 사는 굴)이 있다. 새의 이름은 도鵌(쥐와 함께 사는 새)이고 쥐의 이름
은 패鼣(새와 함께 사는 쥐)이다. 인가人家에 사는 쥐와 같은데 꼬리가 짧

다. 도혹은 철옹(사막에 사는 참새)과 비슷하지만 조금 작고 황흑색黃黑色
이다. 구멍은 땅속으로 3~4자나 되는데 쥐는 안에 있고 새는 밖에 있
다."고 했다. 철옹은 꿩과 비슷한 것이다.

【正義】 括地志云 鳥鼠山 今名靑雀山 在渭州渭源縣西七十六里 山海經云
鳥鼠同穴之山 渭水出焉 郭璞注云 今在隴西首陽縣西南 山有鳥鼠同穴 鳥
名鵨 鼠名鼣 如人家鼠而短尾 鵨似鷄而小 黃黑色 穴入地三四尺 鼠在內 鳥
在外 鵨音余 鼣 扶廢反 鷄音丁刮反 似雉也

②澧풍

정의 《괄지지》에는 "옹주雍州 호현鄠縣 종남산終南山에서 풍수澧水
가 나와 북쪽으로 위수渭水로 들어간다."고 했다.

【正義】 澧音豐 括地志云 雍州鄠縣終南山 澧水出焉 北入渭也

③涇경

정의 《괄지지》에 "경수涇水는 원주原州 백천현百泉縣 서남쪽 계두산
筓頭山에서 나오는데, 경곡涇谷으로 나와 동남쪽으로 흘러 위수渭水로
들어간다."라고 했다.

【正義】 括地志云 涇水出原州百泉縣西南筓頭山出涇谷 東南流入渭也

④漆沮入于河칠저입우하

공안국은 "칠漆과 저沮는 두 개의 강 이름이다. 또한 낙수洛水 라고 하며 풍익馮翊 북쪽에서 나온다."고 했다.

【集解】 孔安國曰 漆 沮 二水名 亦曰洛水 出馮翊北

⑤雒自熊耳낙자웅이

집해 공안국은 "낙수는 의양宜陽 서쪽에 있다."라고 했다.

【集解】 孔安國曰 在宜陽之西

정의 《괄지지》에는 "낙수는 상주商州 낙남현洛南縣 서쪽 총령산冢嶺山 에서 나와 동북쪽으로 흘러 하수로 들어간다. 웅이산熊耳山은 괵주虢州 노지현盧氏縣 남쪽 50리에 있으며 낙수가 경유하는 곳이다."라고 했다.

【正義】 括地志云 洛水出商州洛南縣西冢嶺山 東北流入河 熊耳山在虢州 盧氏縣南五十里 洛所經

⑥澗瀍간전

집해 공안국은 "하남 남쪽에서 모인다."고 했다.

【集解】 孔安國曰 會于河南城南

정의 《괄지지》에는 "간수澗水는 낙주 신안현新安縣 동쪽 백석산白石 山 북쪽[陰]에서 나온다."고 했다. 〈지리지〉에는 "전수瀍水는 하남 곡성현 穀城縣 체정替亭 북쪽에서 나와 동남쪽에서 낙수로 들어간다."고 했다.

【正義】 括地志云 澗水出洛州新安縣東白石山陰 地理志云瀍水出河南穀

城縣晉亭北 東南入於洛

⑦伊이

집해 공안국은 "낙양 남쪽에서 모인다."라고 했다.

【集解】 孔安國曰 會於洛陽之南

⑧河하

집해 공안국은 "공현鞏縣 동쪽에서 합쳐진다."라고 했다.

【集解】 孔安國曰 合於鞏之東也

이에 구주九州가 다 같이 다스려지니 사방 구석구석에 사람이 살 수 있게 되었다.① 구주의 명산은 나무를 베고 길을 닦아 여제旅祭를 지냈고,② 구주의 강은 수원水源에서부터 잘 흐르도록 터놓았으며,③ 구주의 호수에는 둑을 쌓아 막으니④ 사해四海⑤의 땅이 모여서 하나가 되고 육부⑥가 잘 정돈되었다. 모든 지역이 서로 바르게 되었고 물자 사용과 세금 부과를 신중히 하기에 이르렀다.

於是九州攸同 四奧既居① 九山栞旅② 九川滌原③ 九澤既陂④ 四海⑤

會同 六府⑥甚脩 衆土交正 致慎財賦

①四奥旣居사오기거

공안국은 "사방의 집이 이미 살 만하게 되었다."고 했다.

【集解】 孔安國曰 四方之宅已可居也

오奧는 깊숙한 곳. 구석구석까지 사람들이 거처하게 되었다는 뜻이다.

②九山栞旅구산간려

공안국은 "구주의 명산이 이미 뗏목으로 길을 통해서 여제旅祭를 지냈다."고 했다.

【集解】 孔安國曰 九州名山已槎木通道而旅祭也

《서경》〈우공禹貢〉에 "채산蔡山과 몽산蒙山에 여제旅祭를 지냈다."라고 했는데, 그 주석에 "여평旅平은 잘 다스리는 공功을 마치고 여제旅祭를 지내는 것이다."라고 하였다. 여제는 그 동안 잘 다스려진 것에 대해 지내는 감사의 제사로서 상제에게 지내는데 태산에서 지내기도 했다.

③九川滌原구천조원

공안국은 "구주의 하천을 이미 닦아서 옹색壅塞(막힌 곳)이 없다."고 했다.

【集解】 孔安國曰 九州之川已滌除無壅塞也

④九澤既陂구택기피

[집해] 공안국은 "구주의 늪에 이미 방죽을 막아 터지거나 넘치는 것이 없다."고 했다.

【集解】 孔安國曰 九州之澤皆已陂障無決溢也

⑤四海사해

[신주] 구주 이외의 바깥지역을 말한다. 즉 구이九夷, 팔적八狄, 칠융七戎, 육만六蠻의 땅이다.

⑥六府육부

[집해] 공안국은 "육부六府는 금金·목木·수水·화火·토土·곡穀이다."라고 했다.

【集解】 孔安國曰 六府 金 木 水 火 土 穀

[신주] 이상이 구주에 대한 설명이다. 구주는 중국 고대의 지리개념으로써 중국에서는 한족漢族의 선민족으로 하夏 군주인 우禹가 구획한 것이라고 설명한다. 《사기》〈하본기〉이외에도 《서경》〈우공禹貢〉,《이아》〈석지釋地〉,《주례周禮》〈직방職方〉,《여씨춘추呂氏春秋》〈유시람有

始覽〉 등에 구주에 관한 내용이 실려 있다. 그런데 그 내용이 서로 달라서 구주의 개념과 그 형성시기를 놓고 수많은 논쟁이 있어왔다. 형주荊州에 대해《상서》〈우공〉에는 형주荊州 및 형양荊揚이라고 설명했지만《이아》〈석지〉는 한남漢南,《주례》〈직방〉은 정남正南,《여씨춘추》〈유시람〉 편에는 남방南方이라고 서로 달리 쓰고 있다.

고사변 학파는 중국 상고사는 뒤에 작성된 문헌일수록 그 시기는 더 앞으로 가고, 그 내용이 더 풍부해진다면서 유학자들이 조작한 것이 많다고 비판했는데, 우공 구주도 마찬가지다.《사기》〈하본기〉의 구주는 공자의《상서》〈우공〉과 대체로 일치한다. 그러나《사기》·《상서》의 구주 본문과 그 주석은 우禹임금이 실제로 획정한 구주에 비해 크게 확대된 것임은 의심의 여지가 없다. 북경대 및 청화대 교수였던 전목錢穆(1895~1990)이 "우虞·하夏와 삼묘三苗의 전쟁은 지금의 하남성 서쪽 경계 및 산서성 두 성의 황하 중류의 남안이다《국사대강國史大綱》)"라고 말한 것처럼 이 무렵 중국사의 강역은 하남·산동·산서·섬서성 일부에 불과했다. 그런데 지금《사기》는 물론 현재 중국에서 설명하는 구주는 북쪽으로는 하북성을 지나 요녕성까지 그려놓고 있고, 남쪽은 지금의 강서성·복건성을 지나 광동성까지 그려놓고 있다. 여기에 한나라 때 구주의 기주冀州에서 병주幷州·유주幽州·영주營州를 분리해 삼주를 더 설치했다면서 12주로 늘려놓고 있다. 그런데 때로는 더 크게 늘어난 12주가 9구보다 더 작은 지도들도 적지 않다.

9주 및 12주가 사실보다 크게 확대된 것은 한무제 유철劉徹이《상서》〈우공〉과《주례》〈직방〉의 구주를 근거로 경기 이외의 강역을 나누어 13개 자사부刺史部를 설치한 것이 계기가 되었다. 이를 계기로 구주 강역에 대한 인식이 한나라 강역과 비슷한 규모로 크게 확대되면서 지금의 왜곡된 구주관九州觀이 나타나게 된 것이다. 이후 중국의 강역관이 크게 확대되어 서쪽은 감숙성 하서주랑河西走廊, 남쪽은 영남嶺南(현 광동·광서·해남 등), 동북쪽은 연산산맥燕山山脈까지 늘어나 마치 이곳이 고대부터 이족夷族과 경계인 것처럼 인식되고 있다. 이 역시 후대의 강역을 앞 시대로 소급해서 만든 경계일 뿐 이 시기 실제 중국 강역은 후대에 확장시킨 강역보다 훨씬 작았음은 설명할 필요도 없다.

나라 안팎을 정비하다

여러 토질의 등급을 바로잡고 재물과 부세賦稅를 신중히 다루어
서① 땅을 모두 세 등급으로 나누어 부세를 정했다.② 중국에서 제
후에게 땅과 성姓을 내리면서 "덕이 앞서는 것을 공경하고 기뻐
하니 짐이 하는 일에 아무도 어기는 사람이 없다."고 말했다.

衆土交正 致愼財賦① 咸則三壤成賦② 中國賜土姓 祗台德先 不距朕行③

①衆土交正致愼財賦중토교정치신재부

[집해] 정현은 "여러 토양의 좋고 나쁜 것이나 높고 낮은 것이 그 바름
을 얻었다. 또 그 공물 바구니가 이르러 그 재물의 세금을 삼가 받들어
바쳤는데, 모두 법이 제정되어 들어오는 것이다."라고 했다.

【集解】 鄭玄曰 衆土美惡及高下得其正矣 亦致其貢篚 愼奉其財物之稅 皆

法定制而入之也

②咸則三壤成賦함즉삼양성부

[집해] 정현은 "세 토양은 상上, 중中, 하下의 각 3등급이다."라고 했다.
【集解】 鄭玄曰 三壤 上 中 下各三等也

[신주] 땅을 세 등급으로 나누어 나라의 세금을 정했다는 뜻이다.

③中國賜土姓"祗台德先不距朕行"중국사토성"지대덕선불거짐행"

[집해] 정현은 "중中은 곧 구주이다. 천자가 그 나라를 세워서 제후들에게 그 토지를 내려주고 성姓을 하사하고 씨氏를 갖게 명하니, 천자의 덕이 이미 앞에 있는 것을 공경하며 기뻐하고, 또 우리 천자가 정치와 교화를 행하는 것을 막아서 어기지 않는다."고 했다.
【集解】 鄭玄曰 中即九州也 天子建其國 諸侯祚之土 賜之姓 命之氏 其敬悅天子之德既先 又不距違我天子政教所行

[신주] 땅을 제후들에게 나누어 주고 성씨를 하사하는 덕을 베푸니 제후들이 천자가 하는 일을 막지 않는다는 뜻이다. 이台는 '이怡(기쁘다)'의 뜻이다.

천자의 나라(도읍)에서 밖으로 사방 500리의 땅을 전복旬服이라고 명했다.① 전복 안의 100리 안의 부세賦稅는 곡식을 베어 묶어서 바치게 했고,② 200리 안은 낫으로 벤 벼를 바치게 했고,③ 300리 안은 짚과 까끄라기만 추린 것을 바치게 했고,④ 400리 안은 찧지 않은 낟알을 바치게 했으며, 500리 안은 찧은 알곡식을 바치게 했다.⑤

令天子之國以外五百里甸服① 百里賦納總② 二百里納銍③ 三百里納秸服④ 四百里粟 五百里米⑤

① 甸服전복

집해 공안국은 "천자가 다스리는 전답은 왕성과의 거리가 500리 안에 닿아 있다."라고 했다.

【集解】 孔安國曰 爲天子之服治田 去王城面五百里內

신주 수도를 중심으로 사방 500리 땅을 뜻한다. 전甸은 수도 근교 지역인 경기京畿를 말한다.

② 總총

집해 공안국은 "전甸은 안으로 왕성王城에 가까운 것이다. 볏단(화고

禾稿)를 총總이라 하는데 국가에서 기르는 말의 사료를 제공하는 것이
다."라고 했다.

【集解】 孔安國曰 甸內近王城者 禾稾曰總 供飼國馬也

색은 《설문》에는 "총總은 풀을 모아 묶은 것이다."라고 했다.

【索隱】 說文云 總 聚束草也

신주 곡식을 벤 상태 그대로 묶은 단을 뜻한다.

③銍질

집해 공안국은 "낫으로 벤 벼 이삭(화수禾穗)을 이른다."고 했다.

【集解】 孔安國曰 所銍刈謂禾穗

색은 《설문》에는 "질銍은 벼를 베는 짧은 낫이다."라고 했다.

【索隱】 說文云 銍 穫禾短鎌也

④秸服갈복

집해 공안국은 "갈秸은 볏짚이다. 복服은 볏짚을 나르는 사역이다."
라고 했다.

【集解】 孔安國曰 秸 稾也 服稾役

《예교특생禮郊特牲》에 '부들자리와 볏짚이 아름답다'라고 일렀
는데, 즉 갈秸이 이 볏짚의 종류이다.

【索隱】 禮郊特牲云 蒲越稾秸之美 則秸是稾之類也

갈秸은 조정에 바치기 위해 표피表皮를 추려낸 짚, 복服은 공물
을 나르는 노역을 뜻한다.

⑤四百里粟五百里米사백리속오백리미

공안국은 "정미한 것을 헌납하는 자는 적고 거친 것(추麤)을 바
치는 자는 많다."고 했다.

【集解】 孔安國曰 所納精者少 麤者多

전복 바깥의 사방 500리 땅은 후복侯服이다.① 100리 안은 경卿
과 대부大夫들이 봉封함을 받은 땅이고,② 두 번째 100리 안은
남작男爵들이 봉함을 받은 땅이고,③ 나머지 300리 안은 제후諸
侯들이 다스리는 땅이다.④

甸服外五百里侯服① 百里采② 二百里任國③ 三百里諸侯④

---

①侯服후복

집해 공안국은 "후侯는 살피는 것이다. 척후斥候로써 일에 종사하는 것이다."라고 했다.

【集解】 孔安國曰 侯 候也 斥候而服事也

신주 제후가 다스리는 땅이라는 뜻이다.

②采채

집해 마융은 "채采는 사事이다. 각각 왕사王事를 받는다."라고 했다.

【集解】 馬融曰 采 事也 各受王事者

신주 경卿과 대부大夫들이 받는 봉지封地를 뜻한다.

③任國임국

집해 공안국은 "왕사王事를 맡는다."라고 했다.

【集解】 孔安國曰 任王事者

④諸侯제후

집해 공안국은 "300리는 동일하게 왕자王者의 척후斥候가 된다. 그러므로 합해서 셋을 하나의 명칭으로 삼은 것이다."라고 했다.

【集解】 孔安國曰 三百里同爲王者斥候 故合三爲一名

> 후복 바깥의 사방 500리 땅이 수복綏服이다.① 첫 300리 안은
> 백성을 교화敎化하는 것으로 다스림의 원칙을 삼았으며,② 나머
> 지 200리 안의 땅은 무공武功을 떨쳐 나라를 지키게 하는 곳으
> 로 삼았다.③
> 侯服外五百里綏服① 三百里揆文教② 二百里奮武衛③

①綏服수복

집해 공안국은 "수綏는 '편안하다'는 뜻이다. 왕자의 정치와 교육에
복종하는 것이다."라고 했다.
【集解】 孔安國曰 綏 安也 服王者政教

②揆文教규문교

집해 공안국은 "규揆는 '헤아리다'(도度)는 뜻이다. 왕자王者(천자)의
문교文敎를 헤아려 행하는데 300리가 모두 같다."고 했다.
【集解】 孔安國曰 揆 度也 度王者文教而行之 三百里皆同

③奮武衛분무위

집해 공안국은 "문교文敎의 밖 200리가 분무위奮武衛(무위를 떨치다)

로서 천자가 편안한 까닭이다."라고 했다.

【集解】 孔安國曰 文教之外二百里奮武衛 天子所以安

신주 《상서》〈우공禹貢〉에 나오는 구절인데, 하나라의 실제 강역이 어디까지인지를 시사하는 사료이다. 왕성을 중심으로 사방 500리는 국왕이 직접 관할하는 전복甸服이고, 그 바깥 500리는 제후들이 다스리는 후복侯服이다. 이 사방 1,000리가 하나라의 실질적인 지배권이 미치는 영토였다. 그 바깥 500리의 수복綏服은 하나라에 우호적인 이족夷族들이 사는 지역이었다. 수복의 300리는 교화를 위주로 하고, 나머지 200리는 이족의 침략을 막는 곳이었다. 결국 하나라는 수복綏服까지 강역으로 여겨도 사방 1,500리 정도의 영토를 가진 나라이다. 그런데 중국은 훗날 구주九州의 강역을 크게 확대시키고, '천하방만리天下方萬里'(중국의 강역이 사방 1만 리)'라는 개념을 만들어 하나라 때부터 만 리 강역을 가진 것처럼 확대시켰다.

수복 밖의 사방 500리 땅은 요복要服이다.① 첫 300리 안은 이족夷族들을 살게 했고, 나머지 200리 땅은 가벼운 죄인들을 귀양 보내는 땅이었다.③

綏服外五百里要服① 三百里夷② 二百里蔡③

---

①要服요복

집해 공안국은 "문교文教로써 규찰해 단속한다."고 했다.

【集解】 孔安國曰 要束以文教也

신주 글자의 뜻은 천자의 위엄으로 다스리는 땅이란 뜻이다. 이 역시 하나라 땅이 아니라 이민족의 땅인데, 하나라의 지배를 받는 것처럼 묘사한 것이다.

②夷이

집해 공안국은 "평상平常의 가르침을 지켜서 왕자를 섬길 뿐이다."라고 했다.

【集解】 孔安國曰 守平常之教 事王者而已

③蔡채

집해 마융은 "채蔡는 '법法'이다. 왕자의 형법을 받아들일 뿐이다."라고 했다.

【集解】 馬融曰 蔡 法 受王者刑法而已

신주 죄질이 가벼운 죄인들을 귀양 보내는 곳이란 뜻이다.

요복 밖의 사방 500리 땅은 황복荒服이다.① 첫 300리 안은 만
족蠻族들을 살게 했고,② 나머지 200리 땅은 중죄인을 귀양 보
내는 유형지流刑地로 삼았다.③

要服外五百里荒服① 三百里蠻② 二百里流③

①荒服황복

__집해__　마융은 "정치와 교화가 황홀荒忽(거칠고 어지러움)하니 그 옛 풍
속을 따라 이곳을 다스린다."고 했다.

【集解】　馬融曰 政教荒忽 因其故俗而治之

__신주__　하나라가 아니라 이족夷族의 풍습대로 사는 땅이라는 뜻이다.

②蠻만

__집해__　마융은 "만蠻은 '만만慢'(거만하다)이란 뜻이다. 예禮가 간소하고
태만해서 와도 막지는 않고 가도 금하지 않는다."고 했다.

【集解】　馬融曰 蠻 慢也 禮簡怠慢 來不距 去不禁

__신주__　하나라와 별다른 관계가 없는 이민족이란 뜻이다.

③流류

집해 마융은 "떠돌아다녀서 성곽에서 일정하게 거처하지 않는 자이다."라고 했다.

【集解】 馬融曰 流行無城郭常居

신주 중죄인을 유배시키는 유형지流刑地라는 의미로써 하나라의 지배권이 미치는 것처럼 설명했지만 이족들의 땅을 뜻한다.

동쪽으로는 바다에 다다랐고,① 서쪽으로는 유사流沙까지 닿았다. 북녘과 남녘에 이르기까지② 명성과 교화가 온 세상에 퍼졌다. 이에 우에게 현규玄圭를 내려서 그 공이 이루어졌음을 천하에 알렸다.③ 천하가 이에 태평하게 다스려졌다.

東漸于海① 西被于流沙 朔② 南暨 聲教訖于四海 於是帝錫禹玄圭③ 以告成功于天下 天下於是太平治

---

①東漸于海

신주 해海자가 꼭 바다를 뜻하는 것은 아니다. 《설문해자》에는 해海자가 천지天池를 뜻한다고 말하고 있다. 해의 기본 뜻에는 호수[湖泊]라는 의미도 있다.

②朔삭

집해 정현은 "삭朔은 북방이다."라고 했다.
【集解】 鄭玄曰 朔 北方也

③帝錫禹玄圭제석우현규

정의 제帝는 요堯이다. 현玄은 수색水色이다. 우禹가 홍수를 다스리는
공을 완성했다. 그래서 현규玄圭를 하사하고 표창해서 그 공을 드러나게
했다. 여기부터 위의 문장은 《상서》 〈우공〉의 글을 아울러 쓴 것이다.
【正義】 帝 堯也 玄 水色 以禹理水功成 故錫玄圭 以表顯之 自此已上並尚
書禹貢文

신주 현규玄圭는 검은 빛깔이 나는 옥玉으로 만들어진 홀笏을 가리
킨다.

제4장

임금과 신하가
대화하다

옥관이 된 고요

고요皐陶가 사士(옥관獄官)①가 되어 백성을 다스렸다. 순임금이
조회를 하는데 우禹와 백이伯夷와 고요가 서로 순임금 앞에서
말했다. 고요가 먼저 그의 계획을 말했다.

"도덕적으로 일처리를 해서 믿게 한다면 계획하는 것이 명확해
지고 보필하는 신하도 화락할 것입니다."

우禹가 말했다.

"그렇습니다. 어떻게 하면 되겠습니까?"

고요가 말했다.

"아!② 삼가 자신을 닦고 생각을 깊게 하면서③ 구족九族에게 두
텁게 차례를 지키게 하고④ 여러 현명한 이들에게 높은 이를 보
좌하게 하면 가까이에서 먼 곳까지 옳게 될 것입니다."

우禹는 고요의 아름다운 말에 절을 하고 말했다.

"그러할 것입니다."

고요가 말했다.

"아! 사람을 아는 데 있고 백성을 편안하게 하는 데 있습니다."

皐陶作士^①以理民 帝舜朝 禹 伯夷 皐陶相與語帝前 皐陶述其謀曰 信其道德 謀明輔和 禹曰 然 如何 皐陶曰 於^② 慎其身脩 思長^③ 敦序 九族^④ 衆明高翼 近可遠在已 禹拜美言 曰 然 皐陶曰 於 在知人 在 安民

①士사

정의 사士는 '대리경大理卿'과 같다.
【正義】 士若大理卿也

신주 고요皐陶는 앞서 설명한 것처럼 언성偃姓, 고씨皐氏로서, 이름이 요繇다. 공자의 고향이자 황제의 출생지이고 소호의 능이 있는 산동성 곡부 출신인데, 일설에는 산서성 홍동현洪洞縣 사사촌士師村 출신이라고도 한다. 사사촌은 고요촌이라고 불린다. 고요는 설, 후직과 함께 순을 공동으로 보좌한 동이족으로서 중국 사법의 비조로 불린다.

　사士는 사법司法을 맡은 관리를 뜻한다. 진·한秦漢나라 때는 정위廷尉라고 했다. 《한서》〈백관공경표百官公卿表〉에는 '형벌을 담당한다[掌刑辟]'고 말하고 있다. 한나라 경제京帝 때 정위를 대리大理로 바꾸었다가 다시 정위로 바꾸었고, 신新나라 왕망王莽이 작사作士로 바꾸었다. 이후 왕조에 따라 정위와 대리大理가 혼용되다가 북제北齊 때 대리사경大理寺卿으로 바꾸었다.

②於오

정의 '오烏'로 발음한다. 탄미嘆美하는 말이다.

【正義】 於音烏 歎美之辭

③愼其身脩思長신기신수사장

정의 '신기신수愼其身脩'는 절구絶句다.

【正義】 絕句

집해 공안국은 "삼가 자신의 몸을 닦고, 장구長久한 도道로서 할 것을 생각한다."라고 했다.

【集解】 孔安國曰 愼脩其身 思爲長久之道

④敦序九族돈서구족

집해 정현은 "구족九族을 차례대로 친하게 하고 여러 현명한 사람을 보좌하는 신하로 삼으면 이 정치가 가까운 곳에서 말미암아 먼 곳에까지 옳게 되는 것이다."라고 말했다.

【集解】 鄭玄曰 次序九族而親之 以衆賢明作羽翼之臣 此政由近可以及遠也

우가 말했다.

"오호라! 모든 것을 이렇게 한다는 것은 오직 요임금이라도 어려웠을 것입니다.[①] 사람을 안다는 것은 지혜로운 것이어서 사람을 임용할 수 있습니다. 백성을 편안하게 할 수 있다면 은혜로운 것이니 백성이 따를 것입니다. 지혜롭고 은혜롭다면 어찌 환두驩兜를 걱정할 것이며 어찌 유묘有苗를 추방할 것이며 어찌 교묘한 말과 낯빛을 꾸며서 아첨하는 사람을 두려워하겠습니까?"[②]

고요가 말했다.

"그렇습니다. 아! 또한 행동하는데 아홉 가지 덕이 있는데, 또한 그 덕이 있음을 말해보겠습니다."

禹曰 吁 皆若是 惟帝其難之[①] 知人則智 能官人 能安民則惠 黎民懷之 能知能惠 何憂乎驩兜 何遷乎有苗 何畏乎巧言善色佞人[②] 皋陶曰 然 於 亦行有九德 亦言其有德

①惟帝其難之유제기난지

집해 공안국은 "요堯임금도 또한 어렵게 여겼다는 말이다."라고 했다.

【集解】 孔安國曰 言帝堯亦以爲難

②何畏乎巧言善色佞人하외호교언선색녕인

집해 정현은 "우가 아버지를 위해서 숨겼다. 그래서 곤에 대해서는 말하지 않았다."고 했다.

【集解】 鄭玄曰 禹爲父隱 故言不及鯀

이에 말했다.

"모든 일을 시작할 때[1] 너그럽게 하되 위엄이 있어야 하고,[2] 부드럽게 하되 굳어야 하고,[3] 성실하되 공손해야 하고,[4] 다스리되 공경하는 마음이 있어야 하고, 따르되 의연하게 해야 하고,[5] 곧게 행하되 온화하게 해야 하고, 간략하게 일처리를 하되 예리하게 해야 하고, 강직하게 임하되 진실하게 해야 하고, 강하게 나아가되 의롭게 행해서 그 떳떳함을 밝게 드러내는 것이 좋은 것입니다.[6] 매일 세 가지 덕을 베풀며 이른 아침부터 밤까지 신중히 밝혀야 집안을 유지할 수 있습니다.[7] 날마다 엄하게 여섯 가지 덕을 공손히 받들어 일에 믿음을 갖게 해야 나라를 유지할 수 있습니다.[8] 이러한 사람들을 모두 받아들이고 널리 덕을 베풀면 아홉 가지 덕을 지닌 사람들이 모두 군주를 섬길 것입니다.[9]

뛰어난 인재들이 벼슬자리에 있게 되면 모든 관리들이 엄숙하고 신중하게 되어 사특하고 음란하며 기묘한 계략을 본보기로 삼지 않습니다. 그 사람이 거처할 곳이 아닌데 그 관직을 차지하고 있다면 이는 천하를 어지럽히는 일이 된다고 말할 수 있습니다.[10] 천자께서 죄가 있는 자를 토벌할 때, 오형五刑의 다섯 가지 등급을 사용하십시오.[11] 저의 말이 행해질 수 있겠습니까?"

乃言曰 始事事① 寬而栗② 柔而立③ 愿而共④ 治而敬 擾而毅⑤ 直而溫
簡而廉 剛而實 彊而義 章其有常 吉哉⑥ 日宣三德 夙夜翊明有家⑦
日嚴振敬六德 亮采有國⑧ 翕受普施 九德咸事 俊乂在官⑨ 百吏肅謹
毋教邪淫奇謀 非其人居其官 是謂亂天事⑩ 天討有辠 五刑五用哉⑪
吾言底可行乎

①始事事 시사사

집해　공안국은 "그 사람이 덕이 있다고 말하려면 반드시 그 일을 행한 바를 말하고, 일로써 증거를 삼아야 한다."라고 했다.

【集解】　孔安國曰 言其人有德 必言其所行事 因事以爲驗

②寬而栗 관이율

집해　공안국은 "성품이 너그럽고 커서 엄하고 공손할 수 있다."고 했다.

【集解】　孔安國曰 性寬弘而能莊栗

③柔而立 유이립

집해　공안국은 "화락하고 부드러우면서도 일을 세울 수 있다."고 했다.

【集解】　孔安國曰 和柔而能立事

④愿而共원이공

집해   공안국은 "정성스러우면서도 공경한다."고 했다.

【集解】 孔安國曰 愨愿而恭敬

⑤治而敬擾而毅치이경요이의

집해   서광은 "요擾는 어떤 본에서는 '유柔'로 되어 있다." 배인이 살펴보니 공안국은 "요擾는 '순順'이다. 과감한데 이르는 것이 '의毅'가 된다."고 했다.

【集解】 徐廣曰 擾 一作 柔 駰案 孔安國曰 擾 順也 致果爲毅

⑥章其有常吉哉장기유상길재

집해   공안국은 "장章은 '명明'이고 길吉은 '선善'이다."라고 했다.

【集解】 孔安國曰 章 明也 吉 善也

⑦日宣三德蚤夜翊明有家일선삼덕조야익명유가

집해   공안국은 "삼덕三德은 구덕九德 안에 있는 세 가지이다. 경대부를 가家라고 칭한다. 밝게 행하면 경대부가 될 수 있다."고 했다.

【集解】 孔安國曰 三德 九德之中有其三也 卿大夫稱家 明行之可以爲卿大夫

신주 매일 세 가지 덕을 베풀어 이른 아침부터 밤까지 신중하게 밝힌다면 가家(집안의 작은 작은 영지)를 갖는 경대부가 될 수 있다는 뜻이다.

⑧日嚴振敬六德亮采有國일엄진경육덕량채유국

집해 공안국은 "엄嚴은 '경敬'이다. 육덕六德을 행해서 정사를 다스리는데 믿음이 있게 하면 제후가 될 수 있는 것이다."라고 했다. 마융은 "양亮은 '신信'이다. 채采는 '사事'다."라고 했다.

【集解】 孔安國曰 嚴 敬也 行六德以信治政事 可爲諸侯也 馬融曰 亮 信 采 事也

신주 날마다 여섯 가지 덕을 공경하게 실천해 믿음이 있게 하면 국가를 가지는 제후가 될 수 있다는 뜻이다.

⑨翕受普施九德咸事俊乂在官흡수보시구덕함사준예재관

집해 공안국은 "흡翕은 '합合'이다. 삼덕三德과 육덕六德을 합해 받아 사용하여 정치와 교화에 널리 펴고 베풀어 구덕九德의 사람들이 모두 일을 하게하는 것이다. 천자가 이렇게 하면 준덕俊德과 이능理能(잘 다스리는 자)의 사인士人이 다 관직에 있는 것을 이른 것이다."라고 했다.

【集解】 孔安國曰 翕 合也 能合受三六之德而用之 以布施政教 使九德之人皆用事 謂天子也 如此 則俊德理能之士並皆在官也

⑩亂天事난천사

색은 이는《상서》〈고요모皐陶謨〉편에서 뽑아서 문장을 만들었지만 끊어져서 특별히 차서가 없다. 곧 반고가 이른바 '소략저오疏略抵捂'(소홀하고 간략해 어긋난다)'고 한 것이다. 지금 또한 깊이 상고할 수 없다.

【索隱】 此取尚書皐陶謨爲文 斷絕殊無次序 即班固所謂 疏略抵捂 是也 今亦不能深考

⑪五刑五用哉오형오용재

집해 공안국은 "오형五刑을 사용하는 것이 반드시 합당해야 한다는 말이다."라고 했다.

【集解】 孔安國曰 言用五刑必當

우禹가 말했다.

"그대의 말이 행해진다면 공적을 이룰 수 있을 것입니다."

고요가 말했다.

"저는 지혜는 있지 않지만 도道로써 나가야 한다는 생각입니다."[1]

제순이 우에게 일러 말했다.

"그대도 또한 좋은 말을 해보라."

우가 절을 하고 말했다.

"아! 제가 무슨 말을 하겠습니까? 저는 날마다 부지런히 힘쓸 것만을 생각합니다."

고요가 우를 힐난했다.

"무엇을 부지런히 힘쓴다고 이르는 것입니까?"

우禹가 말했다.

"홍수가 하늘까지 넘쳐흐르고 넓게 퍼져 산을 감싸고 언덕까지 올라 백성이 모두 물을 두려워하고 있습니다. 저는 육지에서는 수레를 타고 다녔고 물에서는 배를 타고 다녔으며, 진창에서는 썰매를 타고 다녔고 산에서는 바닥에 쇠못이 박힌 신을 신고 다니며 나무에 표식을 했습니다.[2]

익益과 함께 백성에게 벼와 새와 짐승의 날고기를 주어서 먹게 했습니다.[3] 구천九川을 터서 사해四海에 이르게 했으며 밭도랑을 준설해[4] 강으로 흐르게 했습니다.

직稷과 함께 백성에게 얻기 어려운 음식을 주어서 먹게 했습니다. 식량이 모자라면 여유 있는 곳을 조절해 부족한 곳에 보태거나 그곳으로 백성들을 옮겨 살게 했습니다. 백성이 이에 안정되고 모든 나라가 잘 다스려졌습니다."

禹曰 女言致可績行 皋陶曰 余未有知 思贊道哉[1] 帝舜謂禹曰 女亦昌言 禹拜曰 於 予何言 予思日孳孳 皋陶難禹曰 何謂孳孳 禹曰 鴻水滔天 浩浩懷山襄陵 下民皆服於水 予陸行乘車 水行乘舟 泥行乘橇 山行乘檋 行山栞木[2] 與益予衆庶稻鮮食[3] 以決九川致四海 浚畎澮[4]致之川 與稷予衆庶難得之食 食少 調有餘補不足 徙居 衆民乃定 萬國爲治

[1]余未有知思贊道哉여미유지사찬도재

정의 고요가 이르기를 "나는 지혜가 있지는 않지만 생각을 살펴서 옛 道도로써 인도하려고 할 뿐이다."라고 했다. 겸손한 말이다. 이상은 《상서》〈고요〉의 문장을 아우른 것인데, 그 경을 약술한 것이지 전부 갖춘 것은 아니다.

【正義】 皋陶云我未有所知 思之審贊於古道耳 謙辭也 已上並尚書皋陶謨文 略其經 不全備也

[2]行山栞木행산간목

行은 발음이 '행[寒孟反]'이다. 杆은 발음이 '간[口寒反]'이다.

【正義】 行 寒孟反 杆 口寒反

③與益予衆庶稻鮮食여익여중서도선식

집해 공안국은 "새와 짐승을 방금 죽인 것을 '선鮮'이라 한다."고 했다.

【集解】 孔安國曰 鳥獸新殺曰鮮

색은 위[上]의 여與자는 '동여同與'의 '여與'(함께)자이고 아래의 여予는 '시여施予'의 '여予' 자(주다)이다. 이것은 우임금이 익益과 함께 중서衆庶(백성)에게 도량稻糧(식량)을 베풀어 준 것을 말한 것이다.

【索隱】 予音與 上 與 謂同與之與 下 予 謂施予之予 此禹言其與益施予衆庶之稻糧

④浚畎澮준견회

집해 정현은 "견회畎澮는 밭 사이의 도랑이다."라고 했다.

【集解】 鄭玄曰 畎澮 田閒溝也

신주 밭도랑을 준설해 농사짓기 편하게 했다는 뜻이다. 畎[밭도랑 견], 澮[봇도랑 회]

고요가 말했다.

"그렇습니다. 이것이 아름다운 것입니다."

우禹가 말했다.

"아! 제왕이여. 삼가 제왕의 자리에 계셔 편안히 머무르십시오.[①] 덕으로 보좌하면 천하는 크게 호응할 것입니다. 맑은 뜻으로 밝게 상제上帝의 명을 기다리면 하늘은 거듭 아름다운 것을 사용하라는 명을 내리실 것입니다."[②]

순임금이 말했다.

"아! 신하들이여. 신하들이여. 신하들은 나의 팔과 다리와 눈과 귀가 되어야 한다. 나는 좌우에 백성을 두고자 하니 그대들이 보좌하라.[③] 나는 옛 사람들의 상징인 해와 달과 별을 관찰해서 수놓은 복색을 만들려고 하니 그대들은 이를 밝히라. 나는 육률六律과 오성五聲과 팔음八音으로 정치의 잘잘못을 살피고 (이곳을) 드나들며 (백성들에게) 오언을 듣고자 한다.

그대들은 들어라.[④] 내가 사벽한 곳으로 나아가면 그대들이 나를 바로잡아 달라. 그대들은 앞에서는 아첨하고 물러나서는 나를 비방하지 말라. 나는 좌우전후左右前後의 사보신四輔臣을 공경할 것이다.[⑤] 여러 번 많이 참소해서 사랑받는 신하들은 군주[⑥]의 덕이 진실하게 베풀어지면 모두 맑아질 것이다."

皋陶曰 然 此而美也 禹曰 於 帝 愼乃在位 安爾止① 輔德 天下大應 淸
意以昭待上帝命 天其重命用休② 帝曰 吁 臣哉 臣哉 臣作朕股肱耳目
予欲左右有民 女輔之③ 余欲觀古人之象 日月星辰 作文繡服色 女明
之 予欲聞六律五聲八音 來始滑 以出入五言 女聽④ 予卽辟 女匡拂予
女無面諛 退而謗予 敬四輔臣⑤ 諸衆讒嬖臣 君⑥德誠施皆淸矣。

①安爾止안이지

집해 정현은 "네가 머무는 곳이 편안하면 망동妄動함이 없지만 망
동하면 백성을 소란시킨다."고 했다.

【集解】 鄭玄曰 安汝之所止 無妄動 動則擾民

②天其重命用休천기중명용휴

집해 정현은 "하늘이 장차 너에게 거듭 명을 내려 아름답게 호응한
다는 것을 부서符瑞(징표로 삼는 홀)라고 이른다."라고 했다.

【集解】 鄭玄曰 天將重命汝以美應 謂符瑞也

③女輔之여보지

집해 마융은 "나는 좌우의 백성을 돕고자 하니 너는 마땅히 나를
도와서 성취하게 하라."고 말했다.

【集解】 馬融曰 我欲左右助民 汝當翼成我也

④來始滑以出入五言女聽내시활이출입오언여청

집해 《상서》에는 활滑자가 '흘𥄕' 자로 되어 있는데 발음은 '흘忽'이다. 정현은 "흘𥄕은 신하가 군주를 뵐 때 가지는 것으로서 생각한 것을 써서 명에 대답하는 것이다. 군주 또한 이것이 있어서 정교政敎를 오관五官에게 출납하게 하는 것이다."라고 했다.

【集解】 尚書 滑 字作 𥄕 音忽 鄭玄曰 𥄕者 臣見君所秉 書思對命者也 君亦有焉 以出內政敎於五官

색은 《고문상서》에는 '재치흘在治𥄕'이라고 되어 있고,《금문상서》에는 '채정홀采政忽'로 되어 있어서 선유先儒들이 각자 글자에 따라 해석했다. 지금 여기에서 '내시활來始滑'이라고 이른 것은 뜻이 통하는 바가 없다. 대개 내來자와 채采자는 서로 비슷하고 활滑자와 홀忽자는 소리가 서로 어지러운데, 처음에는 치治 자와 비슷하기 때문에 이를 오인해 '내시활'이라 했다.

지금《금문상서》에 의거하여 '채정홀采政忽' 세 글자로 발음한다. 유백장이 "제후들이 정사를 잘 하는지 태만히 하는 지를 청취한다."고 한 것이 이것이다. 오언五言은 인仁·의義·예禮·지智·신信의 오덕五德의 말을 이른 것으로 정현이 '정치와 교화를 오관五官에게 출납한다.'고 한 것은 그른 것이다.

【索隱】 古文尚書作 在治忽 今文作 采政忽 先儒各隨字解之 今此云 來始

滑 於義無所通 蓋來釆字相近 滑忽聲相亂 始又與治相似 因誤爲來始滑 今
依今文音 釆政忽 三字 劉伯莊云 聽諸侯能爲政及怠忽者 是也 五言謂仁 義
禮 智 信五德之言 鄭玄以爲出納政教五官 非也

신주 《사기》의 여러 주석자들도 내시활來始滑이란 말의 뜻과 출처를
알 수 없었다. 그래서 《색은》에서는 《금문》의 채정홀釆政忽로 바꾸어서
해석하겠다고 한 것이다. 이 구절을 해석하려면 음악을 듣고 정치의 잘
잘못을 살핀다는 앞 구절과 연계해야 한다.

《상서정의》〈익직益稷〉 편에는 "그 음이 원망하고 분노해서 서로 어
그러진다면 곧 그때의 정치가 어지러워서[時政忽] 느리고 태만한 것이
다.[若其音怨怒乖離, 則時政忽慢而怠惰也]"라는 말이 있다. 모두 정치의 잘잘
못을 살핀다는 뜻이다.

⑤敬四輔臣경사보신

집해 《상서대전尙書大傳》에는 '옛날 천자는 반드시 사린四鄰을 두었
는데 앞은 의疑, 뒤는 승丞, 왼쪽은 보輔, 오른쪽은 필弼이다.'라고 말
했다.

【集解】 尙書大傳曰 古者天子必有四鄰 前曰疑 後曰丞 左曰輔 右曰弼

⑥君군

집해 서광은 "다른 책에서는 '오吾'자로 되어 있다."고 했다.

【集解】 徐廣曰 一作 吾

[색은] '제중참폐신諸衆讒嬖臣'이 한 구절이 되고 '군君' 자는 다음 문장에 소속되는 것이 마땅하다.
【索隱】 諸衆讒嬖臣 爲一句 君字宜屬下文

우禹가 말했다.

"그럴 것입니다. 임금께서 제때에 정사를 하지 않고 선하고 악한 자들을 함께 등용하신다면 공이 없을 것입니다."①

제(순임금)가 말했다.②

"단주丹朱같이 교만하지 말라. 세멋대로 놀기만 좋아해서 물이 없는데도 배를 띄우고, 무리들과 집안에서 음행을 일삼아서③ 그의 대에 임용이 단절되었다. 나는 이러한 것을 따를 수 없도다."

우가 말했다.

"저는 도산씨塗山氏의 딸에게 장가 들어 나흘 만에 집을 떠나 계啓가 태어났어도 기르지도 못했습니다.④ 그래서 치수사업의 공로를 성취할 수 있었습니다. 오복五服을 이루어서 5,000리에 이르고 12개 주州에 장관을 임명했으며, 밖으로는 사해四海까지 이르렀고⑤ 모든 제후국에 오장五長을 세워⑥ 각각의 공로가 있다고 말할 수 있습니다. 삼묘족三苗族만이 완고해서 곧 공을 이루지 못했습니다. 임금께서는 유념하십시오."

순임금이 말했다.

"나의 덕을 말할 수 있는 것은 그대의 공 때문에 펼쳐진 것이다."

고요가 이에 우의 덕을 공경하면서 백성들에게 다 우를 본받도록 명했다. 말로써 따르지 않으면 형벌로 따르게 했다.⑧ 순임금의 덕이 크게 빛났다.

禹曰 然 帝即不時 布同善惡則毋功^① 帝曰^② 毋若丹朱傲 維慢游是好

毋水行舟 朋淫于家^③ 用絕其世 予不能順是 禹曰 予 (辛壬) 娶塗山

[辛壬]癸甲 生啟予不子^④ 以故能成水土功 輔成五服 至于五千里 州

十二師 外薄四海^⑤ 咸建五長^⑥ 各道有功 苗頑^⑦不即功 帝其念哉 帝

曰 道吾德 乃女功序之也 皋陶於是敬禹之德 令民皆則禹 不如言 刑

從之^⑧ 舜德大明

①帝卽不時布同善惡則*毋功*제즉불시포동선악즉무공

집해 공안국은 "임금이 옳지 못한 신하를 등용하면 어진 자와 어리석은 자가 자리를 함께 하므로 우열이 함께 흐르기 때문이다."라고 했다.

【集解】 孔安國曰 帝用臣不是 則賢愚並位 優劣共流故也

②帝曰제왈

정의 이 두 글자와 아래의 '우왈禹曰'은 《상서》에는 모두 없는 글이다. 태사공이 네 글자를 둔 것은 제帝와 우禹가 서로 답하는 것이 지극한 순서가 있으므로 마땅히 따로 써서 보며 대응시킨 것이다.

【正義】 此二字及下 禹曰 尚書並無 太史公有四字 帝及禹相答極爲次序 當應別見書

③朋淫于家붕음우가

□집해□ 정현은 "붕음朋淫은 문안에서 음탕한 것이다."라고 말했다.

【集解】 鄭玄曰 朋淫 淫門內

④予(辛壬)娶塗山[辛壬]癸甲生啓予不子여(신임)취도산[신임]계갑생계여부자

□집해□ 공안국은 "도산塗山은 나라 이름이다. 신일辛日에 아내를 취하고 갑甲의 4일에 이르러 다시 가서 홍수를 다스렸다."고 했다.

【集解】 孔安國曰 塗山 國名 辛日娶妻 至于甲四日 復往治水

□색은□ 두예는 "도산塗山은 수춘壽春의 동북쪽에 있다."라고 했다. 황보밀은 "지금의 구강九江 당도當塗에 우묘禹廟가 있다."고 했는데, 곧 도산塗山은 강수의 남쪽에 있다는 뜻이다. 《계본》에는 "도산씨塗山氏는 여자인데 이름은 여와女娲이다."라고 했다. 이는 우禹가 도산씨에게 장가들어서 여와女娲라고 호칭한 것이다.

　또 살펴보니 《상서》에는 "도산에 장가들었는데, 신임일에 장가가서 계갑일에 아이를 낳았다[辛壬癸甲]. 계啓가 고고呱呱하게 울었지만 나는 기르지 못했다."라고 했다. 지금 여기에서 말한 "신임辛壬일에 도산에게 장가들고 계갑癸甲일에 계啓를 낳았다."고 한 것은 대개 《금문상서》에서는 탈루脫漏된 것인데, 태사공이 이를 취해서 말을 만들었으니 또한 그의 본뜻을 헤아릴 수 없다. 어찌 신임일에 아내를 얻고 이틀을 지나서 아들을 낳겠는가? 이치가 아닌 것이 심하다.

【索隱】 杜預云 塗山在壽春東北 皇甫謐云 今九江當塗有禹廟 則塗山在江南也 系本曰 塗山氏女名女媧 是禹娶塗山氏號女媧也 又按 尚書云 娶于塗山 辛壬癸甲 啟呱呱而泣 予弗子 今此云 辛壬娶塗山 癸甲生啟 蓋今文尚書脫漏 太史公取以爲言 亦不稽其本意 豈有辛壬娶妻 經二日生子 不經之甚

정의 이 다섯 글자가 한 구절이 된다. 우禹가 신일辛日에 장가를 가고 갑甲인 4일에 이르러 홍수를 다스리러 가서 계啟를 낳았지만 집안에 들어가지 않았다. 그래서 "나는 아들의 이름도 짓지 못했다. 이 때문에 수토水土의 공을 성취시킬 수 있었다."고 말했다.

또 일설에는 집 앞을 지나가면서 집 안에 들어가지 않았으므로 자식을 아끼는 마음을 갖지 못했다고 했다. 《제계帝繫》에는 '우가 도산씨의 딸에게 장가들어 여와女媧라고 이르는데 여와가 계啟를 낳았다.'라고 했다.

【正義】 此五字爲一句 禹辛日娶 至甲四日 往理水 及生啟 不入門 我不得名子 以故能成水土之功 又 一云過門不入 不得有子愛之心 帝繫云 禹娶塗山氏之子 謂之女媧 是生啟也

⑤外薄四海외박사해

집해 공안국은 "박薄은 '박迫'이다. 바다에 이르는 것을 말한 것이다."라고 했다.

【集解】 孔安國曰 薄 迫 言至海也

정의 《이아》에는 "구이九夷, 팔적八狄, 칠융七戎, 육만六蠻을 사해四海(온 천하)로 이른다."고 했다. 〈석명釋名〉에는 "해海는 '회晦'(어둠)이다."라고 했다. 살펴보니 이만夷蠻(이족夷族)은 어둡고 어두워서 아는 것이 없다. 그래서 사해라고 이른다.

【正義】 爾雅云 九夷八狄七戎六蠻謂之四海 釋名云 海 晦也 按 夷蠻晦昧 無知 故云四海也

⑥五長오장

집해 공안국은 "제후국 다섯에서 어진 이 한 명을 세워서 방백方伯으로 삼는 것을 오장五長이라고 이르는데 통치하는 것을 돕는다."라고 했다.

【集解】 孔安國曰 諸侯五國 立賢者一人爲方伯 謂之五長 以相統治

⑦苗頑묘완

집해 공안국은 "삼묘三苗는 완고하고 흉해서 관직에 나아가는 것을 얻지 못했으니 선과 악이 분별된 것이다."라고 했다.

【集解】 孔安國曰 三苗頑凶 不得就官 善惡分別

⑧刑從之형종지

색은 명령에 따르지 않는 사람은 또한 형벌로써 따르게 한 것을 이른 것이다.

【索隱】 謂不用命之人 則亦以刑罰而從之

제5장

천자의 자리에
오르다

순이 우에게 제위를 물려주다

이에 기夔가 음악을 연주했는데[1] 조상들의 혼령이 이르렀고 여러 제후들이 서로 양보했으며, 새와 짐승들도 날면서 춤을 추었다. '소소簫韶'를 아홉 번 연주하니 봉황이 날아와 음악에 맞추어 춤을 추었고[2] 온갖 짐승들도 함께 춤을 추었으며 여러 관리들이 진실로 화락했다.

於是夔行樂[1] 祖考至 羣后相讓 鳥獸翔舞 簫韶九成 鳳皇來儀[2] 百獸率舞 百官信諧

①行樂행악

정의 　행악은 지금의 태상경太常卿과 같다.

【正義】 若今太常卿也

태상시太常寺는 고대에서 종묘 제사를 관장하는 기구이며, 태상경은 그 주무 장관이었다. 태상太常, 태상시경太常寺卿이라고도 불렸다.

②簫韶九成鳳皇來儀소소구성봉황래의

공안국은 "소소簫韶는 순舜임금의 음악 이름이다. 음악을 갖추어 아홉 번 연주하면 봉황이 이른다."고 했다.

【集解】 孔安國曰 簫韶 舜樂名 備樂九奏而致鳳皇也

소악韶樂은 순舜임금의 음악이다. 공자는 《논어》〈술이述而〉 편에서 "(공자가) 제나라에 있을 때 소악을 듣고, 석 달 동안 고기 맛을 잃고는 '이 음악이 여기까지 이를 줄은 미처 생각하지 못했다'고 말했다."고 한다. 공자는 또 《논어》〈팔일八佾〉 편에서 소악에 대해서는 "더할 나위 없이 아름답고, 또 더할 나위 없이 착하다."고 했고, 무악武樂(주나라 무왕의 음악)에 대해서는 "더할 나위 없이 아름답지만 더할 나위 없이 착하지는 않다."라고 말했다. 공안국은 두 음악의 선善이 다른 것에 대해 "순임금은 성덕으로 왕위를 물려받았으므로 지극히 착하지만 무왕은 무력으로 정벌해 천하를 취했으므로 지극히 착하지는 않다."고 설명했다. 소악은 동이족 순임금의 음악이다. 소악을 연주하자 조상들의 혼령이 이르고, 모든 사람들이 화락했다는 것은 하늘과 조상을 높이는 동이족의 신앙체계을 말해준다.

제(순임금)가 이로써 노래를 지어 베풀면서 말했다.

"하늘의 명을 받들어 오직 때에 맞춰 일에 힘쓰고 오직 무슨 일이든 기미幾微를 잘 살피리라."①

이에 노래를 불렀다.

"고굉股肱의 신하들이 즐거워하는구나. 임금의 다스리는 공이 일어나는구나. 모든 관리들은 화락해지리로다."②

고요皐陶가 손을 땅에 짚어 절하고 머리를 조아리며 큰소리로 아뢰었다.

"굽어 살피소서.③ 신하와 백성들을 거느리고 큰일을 일으키시는 데 법은 신중하고 공경하게 하소서."④

帝用此作歌曰 陟天之命 維時維幾① 乃歌曰 股肱喜哉 元首起哉 百工熙哉② 皐陶拜手稽首揚言曰 念哉③ 率爲興事 慎乃憲 敬哉④

①陟天之命維時維幾척천지명유시유기

집해 공안국은 "천명을 바르게 받들어 백성에게 임하면서 오직 시기에 순응하고 기미를 삼가는 데 있다."고 했다.

【集解】 孔安國曰 奉正天命以臨民 惟在順時 惟在慎微

신주 하늘의 명을 받들어 언제나 일에 힘쓰되 무슨 일에나 기미를 살펴야 한다는 뜻이다.

②股肱喜哉元首起哉百工熙哉고굉희재원수기재백공희재

집해　공안국은 "고굉의 신하가 기뻐하고 즐거워하면서 충성을 다하니 군주의 다스리는 공이 이에 일어나 모든 관리들의 할 일이 이에 넓어졌다."고 했다.

【集解】　孔安國曰 股肱之臣喜樂盡忠 君之治功乃起 百官之業乃廣

③念哉염재

집해　정현은 "여러 신하들로 하여금 천자의 경계를 생각하게 한다."고 했다.

【集解】　鄭玄曰 使羣臣念帝之戒

④愼乃憲敬哉신내헌경재

집해　공안국은 "신하들을 거느리고 다스리는 일을 일으키니 너는 마땅히 법도를 삼가고 그 직분을 공경하라는 뜻이다."라고 했다.

【集解】　孔安國曰 率臣下爲起治之事 當愼汝法度 敬其職

이에 다시 노래를 불렀다.

"임금께서는 밝으시구나. 고굉의 신하들은 어질구나. 모든 일이 평안하리로다."

또 다시 노래했다.

"임금이 잘고 자질구레하면 고굉의 신하들은 게을러지고 모든 일이 무너지리라."[1]

순임금이 절하면서 말했다.

"그렇다. 가서 공경히 일하라."

이에 천하가 모두 우의 밝음을 으뜸으로 삼아 도리를 헤아리고 노래를 부르면서[2] 산천의 신주神主로 여겼다.

乃更爲歌曰 元首明哉 股肱良哉 庶事康哉 又歌曰 元首叢脞哉 股肱惰哉 萬事墮哉[1] 帝拜曰 然 往欽哉 於是天下皆宗禹之明度數聲樂[2] 爲山川神主

①元首叢脞哉股肱惰哉萬事墮哉원수총좌재고굉타재만사타재

【집해】 공안국은 "총좌叢脞는 가늘게 부수어서 대략大略(큰 줄기)이 없는 것이다. 군주가 이와 같으면 신하는 게을러져서 모든 일이 무너진다."고 했다.

【集解】 孔安國曰 叢脞 細碎無大略也 君如此 則臣懈惰 萬事墮廢也

신주　군주는 큰 틀과 방향을 잡고 신하들을 이끌어야지 군주가 작은 일까지 다 하면 신하들은 나태해져서 모든 일이 성사되지 않는다는 뜻이다.

②宗禹之明度數聲樂종우지명도수성악

집해　서광은 "〈순본기舜本紀〉에는 '우내홍구소지악[禹乃興九韶之樂]'(이에 우는 9장의 소악을 일으켰다)'으로 되어 있다."고 했다.

【集解】　徐廣曰 舜本紀云禹乃興九韶之樂

순임금이 우를 하늘에 천거해 후계자로 삼았는데, 17년이 지나[1] 순임금이 붕어했다. 3년 상을 마친 후 우가 제위를 사양하고 순임금의 아들인 상균商均을 피해 양성陽城으로 갔으나[2] 천하의 제후들이 모두 상균을 떠나 우에게 조회했다. 우가 이에 마침내 천자의 자리로 나아가[3] 남면南面하여 천하에 조회하고 국호를 하후夏后라고 일컫고, 성을 사씨姒氏라고 했다.[4]

帝舜薦禹於天 爲嗣 十七[1]年而帝舜崩 三年喪畢 禹辭辟舜之子商均於陽城[2] 天下諸侯皆去商均而朝禹 禹於是遂即天子位[3] 南面朝天下 國號曰夏后 姓姒氏[4]

---

①帝舜薦禹於天爲嗣十七年제순천우어천위사십칠년

집해　유희劉熙는 "이와 같다면 순舜이 문조文祖에 이른지 3년 뒤에 우가 섭정해서 제사에 참여했다는 것인가?"라고 말했다.

【集解】　劉熙曰 若此 則舜格于文祖 三年之後 攝禹使得祭祀與

신주　유희劉熙는 동한東漢(후한) 말년의 학자로서 《석명釋名》 등을 썼다.

②陽城양성

집해　유희는 "지금의 영천穎川 양성陽城이 이곳이다."라고 했다.

【集解】　劉熙曰 今穎川陽城是也

③禹於是遂卽天子位우어시수즉천자위

집해　황보밀은 "평양平陽에 도읍했다. 어떤 이는 안읍安邑이라고 하고 어떤 이는 진양晉陽이라고 한다."고 했다.

【集解】　皇甫謐曰 都平陽 或在安邑 或在晉陽

④國號曰夏后姓似氏국호왈하후성사씨

집해　《예위禮緯》에는 "선조가 의이薏苡(율무)를 삼키고 낳았다."고 했다.

【集解】　禮緯曰 祖以吞薏苡生

하조夏朝의 국성國姓이 사姒인데, 부수가 '여자 여女' 자라는 것은 모계사회였던 동이족 계통임을 시사한다. 사성姒姓에는 모두 12개 씨가 있는데, 하후씨夏后氏, 유호씨有扈氏, 유남씨有男氏(유남씨有南氏라고도 함), 짐심씨斟鄩氏, 단성씨彤城氏, 포씨褒氏, 비씨費氏(불씨弗氏라고도 함), 기씨杞氏, 증씨繒氏, 신씨辛氏, 명씨冥氏, 짐관씨斟灌氏가 그것이다. 12개 씨족 중에서 하후씨가 우두머리이므로 하후씨라는 씨족명을 나라 이름으로 삼은 것이다.

사성은 희성姬姓, 강성姜姓과 오래 통혼했는데, 이들도 모두 여자 여자를 부수로 쓰는 동이족 성이다. 앞에서 당나라 장수절은 〈제왕기〉를 인용해 "우가 봉함을 받아 하백夏伯이 되었다."고 말했는데, '하백'이 후에 '하후'가 되었다는 뜻이다. 후后는 임금, 왕, 군주와 같은 뜻이다. 또 '유하지거有夏之居', '대우大夏'같은 지명이 국명이 되었다는 설도 있다. 하나라는 14세 17후后로서 약 471년 간 유지되었다고 한다. 중국에서는 하은주 삼대 중에 19세기 말까지 주周나라만 현존했던 왕조로 여기다가 지금의 하남성 안양安陽현 은허殷墟에서 수많은 갑골문이 쏟아지면서 은나라의 실체를 인정했다. 그러나 하나라는 여전히 현존 왕조로 인정하지 않다가 최근 국가 차원의 '하상주夏商周 단대공정斷代工程'을 거쳐 서기전 2070~서기전 1600년까지 현존했던 나라라고 확정짓고 교과서에 서술해 가르치고 있다.

우임금이 제왕의 자리에 올라 고요를 천거해 등용하고 또 정사를 넘겨주려고 했으나 고요가 죽고 말았다.^① 고요의 후손을 영英과 륙六 땅에 봉했고^② 어떤 이는 허許 땅에 봉했다.^③ 뒤에 익益을 등용해 정사를 맡겼다.

帝禹立而擧皋陶薦之 且授政焉 而皋陶卒^① 封皋陶之後於英 六 或在許 而后擧益 任之政

①皋陶卒고요졸

정의 《제왕기》에는 '고요는 곡부에서 태어났다. 곡부의 언偃 땅이다. 그래서 제帝가 이로 인해 하사한 성姓이 언偃이다. 요가 순에게 선양하고 그를 사士로 삼으라고 명했다. 순이 우에게 선양해서 우가 제위에 나아갔는데 구요咎陶(고요)가 가장 인자하기 때문에 하늘에 천거해서 장차 선양할 뜻이 있었는데, 선양에 이르지 못하고 고요가 졸卒했다.'고 했다. 《괄지지》에는 "구요묘咎陶墓(고요묘)는 수주壽州 안풍현安豐縣 남쪽 130리의 옛날 육성六城의 동쪽에 있는데 동쪽 방죽 안의 대총大冢이다."고 했다.

【正義】帝王紀云 皋陶生於曲阜 曲阜偃地 故帝因之而以賜姓曰偃 堯禪舜命之作士 舜禪禹 禹即帝位 以咎陶最賢 薦之於天 將有禪之意 未及禪會皋陶卒 括地志云 咎繇墓在壽州安豐縣南一百三十里故六城東 東都陂內大冢也

영국英國과 육국六國은 모두 동이족 국가이다. 고요의 후손을 영과 육 땅에 봉했다는 것은 고요가 동이족이라는 뜻이다. 허국許國도 마찬가지다.

②英六영륙

집해 서광은 "《사기》에 모두 영英자로 되어 있는데 영포英布가 그의 후예이다."라고 했다.

【集解】 徐廣曰 史記皆作 英字 而以英布是此苗裔

색은 〈지리지〉에는 육안국六安國의 육현六縣은 고요咎陶의 후손 언성偃姓을 봉한 나라라고 했다. 영英 땅은 사료가 없어서 소재를 알지 못하는데 경포黥布를 그의 후예로 여겼다.

【索隱】 地理志六安國六縣 咎繇後偃姓所封國 英地闕 不知所在 以爲黥布是其後也

정의 영英은 대개 요蓼 땅이다.《괄지지》에는 "광주光州 고시현固始縣이 본래 춘추시대의 요국蓼國이다. 성은 언偃이고 고요의 후예이다."라고 했다.《좌전》에는 자섭子燮이 요蓼를 멸망시켰다고 했다.《태강지지》에는 "요국蓼國은 앞서 남양南陽 고현故縣에 있었는데, 지금의 예주豫州 언현鄢縣의 경계인 옛 호성胡城이 이곳으로, 후에 이곳으로 이사했다."고 했다.《괄지지》에는 "옛 육성六城은 수주壽州 안풍현安豊縣 남쪽 132리에 있다."고 했다.《춘추》의 문공文公 5년 가을에 초楚나라 성왕

成王 대심大心이 멸망했다.

【正義】 英蓋蓼也 括地志云 光州固始縣 本春秋時蓼國 偃姓 皋陶之後也 左傳云子變滅蓼 太康地志云蓼國先在南陽故縣 今豫州鄾縣界故胡城是 後 徙於此 括地志云 故六城在壽州安豊縣南一百三十二里 春秋文五年秋 楚 成大心滅之

신주 영포英布(?~서기전 196)는 육현六縣(현 안휘성 육안시六安로 비정) 사람으로 진秦나라에서 묵형墨刑인 경형黥을 받았으므로 경포鯨布라고 불린다. 항우項羽의 부하로서 구강왕九江王에 봉해졌으나 후에 초나라를 버리고 한漢을 택해 회남왕淮南王으로 봉함을 받았다. 한신韓信, 팽월彭越과 함께 한나라 초기 3대 명장으로 불렸으나 한신과 팽월이 죽은 후 두려움을 느끼고 군사를 일으켰다가 패배해 사형당했다.

③許허

집해 《황람》에는 "고요총皋陶冢은 여강廬江 육현六縣에 있다."고 했다.
【集解】 皇覽曰 皋陶冢在廬江六縣

색은 허許나라는 영천潁川에 있다.
【索隱】 許在潁川

정의 《괄지지》에는 "허許의 옛 성은 허주許州 허창현許昌縣 남쪽 30 리에 있는데, 본래 한漢나라 허현許縣은 옛날의 허국許國이다."라고 했다.

10년 뒤 제(우임금)가 동쪽으로 순수하다가 회계會稽 땅에 이르러 붕어했다.[①] 천하를 익益에게 주었는데, 3년 상을 마친 익은 제우帝禹의 아들인 계啓에게 천자의 자리를 양보하고 기산箕山 남쪽으로 피해 살았다.[②] 우의 아들 계가 현명해서 천하의 사람들이 마음으로 복종했다. 우가 붕어하고 익益이 제위를 받았지만 익이 우를 보좌한 지 얼마 되지 않아서 천하가 흡족하게 여기지 않았다. 그래서 제후들이 다 익을 떠나 계啓에게 조회해서 말했다.

"우리의 군주인 제우의 아들이시다."

이에 계啓가 드디어 천자의 자리로 나아갔는데 이 이가 하夏나라 계啓 임금이다.

十年 帝禹東巡狩 至于會稽而崩[①] 以天下授益 三年之喪畢 益讓帝禹之子啓 而辟居箕山之陽[②] 禹子啓賢 天下屬意焉 及禹崩 雖授益 益之佐禹日淺 天下未洽 故諸侯皆去益而朝啓 曰 吾君帝禹之子也 於是啓遂即天子之位 是爲夏后帝啓 夏后帝啓

①至于會稽而崩지우회계이붕

__집해__ 황보밀은 "나이가 100세였다."라고 했다.

【集解】 皇甫謐曰 年百歲也

②箕山之陽기산지양

집해 《맹자》에는 "양陽(남쪽) 자가 '음陰(북쪽)' 자로 되어 있다. 유희는 "숭고崇高의 북쪽이다."라고 했다.

【集解】 孟子 陽字作 陰 劉熙曰 崈高之北

정의 고증해보니 음陰은 곧 양성陽城이다. 《괄지지》에는 "양성현은 기산箕山 북쪽 13리에 있다."라고 했다. 또 아마도 '기箕' 자가 잘못된 것이고 본래 '숭嵩' 자가 옳은 것으로 생각하는데 글자가 서로 비슷하기 때문이다. 그 양성현은 숭산嵩山 남쪽 23리에 있으며 숭산 남쪽[陽]이 된다.

【正義】 按 陰即陽城也 括地志云 陽城縣在箕山北十三里 又恐 箕字 誤 本是 嵩字 而字相似 其陽城縣在嵩山南二十三里 則爲嵩山之陽也

신주 우의 아들 계가 익에게 선양했다는 설명이다. 그러나 《고본 죽서기년竹書紀年》에는 "익이 계의 왕위에 관여하자 계가 익을 죽였다."고 달리 말하고 있다. 당나라 유지기도 《사통史通》〈의고疑古〉 및 〈잡설雜說〉 편에서 "익이 계에게 주살당했다."라고 서술했다. 《사통》〈의고〉 편에서는 "(익이) … 순이나 우와 마찬가지로 세력을 가졌기에 전례를 따라 제위를 받아들인 것이다. 단지 그 일이 성공하지 못해서 자신이 죽임을 당한 것이다."라고 썼다. 우의 아들 계가 익을 죽이고 제왕이 되었다는 것이다. 우의 아들 계 때에 비로소 부자상속이 이루어진 것이다.

제6장

부자세습이
이루어지다

우임금의 아들 계啓

하夏나라의 임금인 계啓는 우禹임금의 아들이다. 그의 어머니는
도산씨塗山氏의 딸이었다. 유호씨有扈氏가 복종하지 않자① 계가
정벌에 나서 감甘땅에서 크게 싸웠다. 장차 싸우려 할 때 '감서
甘誓'를 짓고② 육군六軍의 장수를 경卿으로 임명해 훈계했다.
夏后帝啟 禹之子 其母塗山氏之女也 有扈氏不服① 啟伐之 大戰於
甘 將戰 作甘誓② 乃召六卿申之

①有扈氏不服유호씨불복

【집해】 〈지리지〉에는 "부풍군扶風郡 호현鄠縣이 이 호국扈國이다."라고
했다.
【集解】 地理志曰扶風鄠縣是扈國

색은 〈지리지〉에는 "부풍현扶風縣의 호鄠가 이 호국鄠國이다."라고 했다.

【索隱】 地理志曰扶風縣鄠是鄠國

정의 《괄지지》에는 "옹주雍州 남쪽 호현鄠縣이 본래 하夏나라의 호국鄠國이다. 〈지리지〉에서 말한 호현鄠縣은 옛 호국鄠國으로 호정戶亭이 있었다. 《훈찬訓纂》에는 戶, 扈, 鄠 세 글자는 하나인데 옛날과 지금의 글자가 같지 않을 뿐이다."라고 했다.

【正義】 括地志云 雍州南鄠縣本夏之鄠國也 地理志云鄠縣 古扈國 有戶亭 訓纂云戶 扈 鄠三字 一也 古今字不同耳

신주 유호씨有扈氏는 하나라의 국성인 사성姒姓이므로 계와 유호씨의 다툼은 내부 세력다툼이다. 유호씨의 나라에 대해서는 현재 하남성 원양原陽 일대라는 설과 섬서성 호현戶縣 일대라는 설이 양립하고 있다. 중국에서도 유호를 동이족 소호의 후예인 구호九扈라고 보는 설도 있다.

②甘誓乃召六卿申之감서내소육경신지

집해 마융은 "감甘은 유호씨의 남쪽 교외 지방이다."라고 했다.

【集解】 馬融曰 甘 有扈氏南郊地名

색은 하계夏啓가 정벌한 곳인 호鄠의 남쪽에는 감정甘亭이 있다고 했다.

【索隱】 夏啓所伐 鄠南有甘亭

집해 공안국은 "천자는 육군六軍을 거느리는데 그 장수는 모두 경
卿으로 명한다."고 했다.

【集解】 孔安國曰 天子六軍 其將皆命卿也

신주 〈감서甘誓〉는 《서경》의 편명 이름이다. 천자는 육군을 거느리
는데 그 장수들은 경卿이 되므로 육경六卿이 된다.

계가 말했다.

"아아! 육군六軍의 일을 관장하는 사람들이여!① 나는 그대들에게 맹세해 고하노라. 유호씨有扈氏는 오행五行을 사납게 업신여기며 세 가지 올바른 도리를 태만히 저버리니② 하늘이 그의 천명을 끊으려 한다.③ 지금 나는 삼가 하늘의 벌을 받들어 행하려고 한다.④ 좌군左軍이 왼쪽의 적을 공격하지 않고 우군右軍이 오른쪽의 적을 공격하지 않는 것은 그대들이 천명을 받들지 않은 것이다.⑤ 말을 모는 병사들이 말을 잘 몰지 못하는 것은 그대들이 천명을 받들지 않은 것이다.⑥ 천명을 잘 받드는 사람은 선제先帝의 위패位牌 앞에서 상을 받을 것이다.⑦ 천명을 받들지 않는 사람은 사직社의 위패 앞에서 죽일 것인데⑧ 그 처자妻子까지도 죽일 것이다."⑨

마침내 계啓가 유호씨를 멸했다. 천하의 제후들이 다 조회에 들었다.

啓曰 嗟 六事之人① 予誓告女 有扈氏威侮五行 怠棄三正② 天用勦絶其命③ 今予維共行④天之罰 左不攻于左 右不攻于右 女不共命⑤ 御非其馬之政 女不共命⑥ 用命 賞于祖⑦ 不用命 僇于社⑧ 予則帑僇女⑨ 遂滅有扈氏 天下咸朝

①六事之人육사지인

집해 공안국은 "각각 군사가 있다. 그러므로 육사六事이다."라고 했다.

【集解】 孔安國曰 各有軍事 故曰六事

②威侮五行怠棄三正위모오행태기삼정

집해 정현은 "오행五行은 네 계절의 성대한 덕을 행하는 정사이다. 위모威侮는 사납게 거역하는 것이다. 삼정三正은 천天·지地·인仁의 정도正道이다."라고 말했다.

【集解】 鄭玄曰 五行 四時盛德所行之政也 威侮 暴逆之 三正 天 地 人之正道

③天用勦絕其命천용초절기명

집해 공안국은 "초勦는 '끊다'(절截)의 뜻이다."라고 했다.

【集解】 孔安國曰 勦 截也

④共行공행

집해 공안국은 "공共은 받드는 것이다."라고 했다.

【集解】 孔安國曰 共 奉也

⑤左不攻于左右不攻于右女不共命좌불공우좌우불공우우여불공명

집해 정현은 "좌左는 거좌車左이다. 우右는 거우車右이다."라고 말했다.

【集解】 鄭玄曰 左 車左 右 車右

신주 좌左는 좌군左軍, 우右는 우군右軍을 뜻한다.

⑥御非其馬之政女不共命어비기마지정여불공명

집해 공안국은 "정마正馬를 모는 것으로 정사를 삼는다. 세 가지(좌군과 우군과 말을 모는 것)에 실수가 있으면 모두 나의 명을 받들지 않는 것이다."라고 했다.

【集解】 孔安國曰 御以正馬爲政也 三者有失 皆不奉我命也

⑦用命賞于祖용명상우조

집해 공안국은 "천자가 직접 정벌에 나서면 반드시 천묘遷廟의 조주祖主(신주)를 수레에 싣고 간다. 공이 있으면 곧 조주 앞에서 상을 주는데 혼자서 하지 않는다는 것을 보이는 것이다."라고 했다.

【集解】 孔安國曰 天子親征 必載遷廟之祖主行 有功即賞祖主前 示不專也

⑧僇于社륙우사

집해 공안국은 "또 사직의 신주를 싣고 가는데 이를 사사社事라고

한다. 패배해서 달아나면 사주社主(사직의 신) 앞에서 죽인다. 사주는 음

陰이고, 음은 살殺을 주관한다."고 했다.

【集解】 孔安國曰 又載社主 謂之社事 奔北 則僇之社主前 社主陰 陰主殺也

⑨努僇女노륙녀

집해 공안국은 "다만 그 자신의 몸에 그치는 것이 아니라 아내와 자

식에게도 욕이 미치는데, 욕보임을 연좌시킨다는 말이다."라고 했다.

【集解】 孔安國曰 非但止身 辱及女子 言恥累之

제7장

태강의 실국과
소강의 부흥

하의 여러 군주와 소강

하나라 임금 계啓가 붕어하자[1] 아들 태강太康이 임금 자리에 올
랐다.[2] 임금 태강太康이 나라를 잃어버리자[3] 그의 다섯 형제들
이[4] 낙수洛水 물가에서 태강을 기다리며 '오자지가五子之歌'를 지
었다.[5] 태강太康이 붕어하고 아우 중강中康이 제위에 올랐는데
이이가 제帝 중강中康이다.

夏后帝啟崩[1] 子帝太康立[2] 帝太康失國[3] 昆弟五人[4] 須于洛汭 作五
子之歌[5] 太康崩 弟中康立 是爲帝中康

① 啓崩계붕

<u>집해</u> 서광은 "황보밀은 하계夏啓는 원년 갑진甲辰이고 10년 계축癸
丑에 붕어했다."라고 했다.

②子帝太康立자제태강립

신주　하나라 제3대 군주 사태강姒太康은 성은 사姒, 이름은 태강太康으로서 계啟의 장자이다. 《태평어람》은 《제왕세기》를 인용해서 29년간 제위에 있었다고 기록했지만 실제로는 불과 2년 동안 제위에 있었다. 정사를 태만히 하고 사냥에 지나치게 탐닉한 결과 동이족 유궁씨有窮氏의 예羿에게 나라를 빼앗기고 쫓겨나 복귀하지 못했다는 것이다. 이 사례는 조선의 《용비어천가龍飛御天歌》에서 "낙수에 산행山行가 이셔 하나빌 미드니잇가"(낙수에 사냥 가 있으면서 할아버지 우왕을 믿으십니까)라고 임금이 정사에 전념해야 한다는 경계로 사용되었다.

③太康失國태강실국

집해　공안국은 "재미로 사냥하는 것을 즐기고 백성의 일을 구휼하지 않아 예羿에게 쫓겨나는 바가 되어 국가로 돌아오지 못했다."고 한 것이다.

【集解】 孔安國曰 盤于遊田 不恤民事 爲羿所逐 不得反國

④昆弟五人곤제오인

색은　황보밀은 "오관五觀이라고 호칭했다."고 했다.

⑤五子之歌오자지가

집해 공안국은 "태강太康의 다섯 아우가 그의 어머니와 함께 태강을 낙수洛水 북쪽에서 기다리며 그가 돌아오지 않는 것을 원망했다. 그러므로 노래를 지었다."고 했다.

【集解】 孔安國曰 太康五弟與其母待太康于洛水之北 怨其不反 故作歌

중강임금 때에는 희씨羲氏와 화씨和氏가 주색에 빠져 천시天時를 무너뜨리고 일력日曆을 어지럽게 했다.① 윤胤이 가서 정벌하고 '윤정胤征'을 지었다.② 중강中康임금이 붕어하고 아들인 제상帝相이 제위에 올랐다. 제상이 붕어하고 아들인 소강少康이 제위에 올랐다.③ 제소강이 붕어하고 아들 제여帝予(제저)가 즉위했다.④ 제여가 붕어하고 아들 제괴帝槐(제회)⑤가 즉위했다. 제괴(회)가 붕어하고 아들 제망帝芒이 즉위했다.⑥

帝中康時 羲 和湎淫 廢時亂日① 胤往征之 作胤征② 中康崩 子帝相立 帝相崩 子帝少康立③ 帝少康崩 子帝予立④ 帝予崩 子帝槐立⑤ 帝槐崩 子帝芒立⑥

---

①羲和湎淫廢時亂日희화면음폐시난일

집해 공안국은 "희씨羲氏와 화씨和氏는 천지 사시四時를 관장하는 자리에 있었다. 태강 이후에는 주색에 빠져서 천시天時를 무너뜨리고 갑과 을을 어지럽게 했다."고 했다.

【集解】 孔安國曰 羲氏 和氏 掌天地四時之官 太康之後 沈湎于酒 廢天時 亂甲乙也

②胤正윤정

집해 공안국은 "윤국胤國의 군주로 왕명王命을 받아 가서 정벌했다." 고 했다. 정현은 "윤胤은 신하 이름이다."라고 했다.

【集解】 孔安國曰 胤國之君受王命往征之 鄭玄曰 胤 臣名

③少康立소강립

색은 《춘추좌전》에 위장자魏莊子가 말했다.

"옛날 하나라가 쇠약해질 무렵 후예后羿는 서鉏에서 궁석窮石으로 천도하고 하나라 사람들을 따르게 해 하나라의 정사를 대신했다. 그는 자신의 활을 믿고 인사를 닦지 않고 백명씨伯明氏의 참소하는 아들 한착寒浞을 믿고 등용했다. 한착이 예羿를 죽여 삶아서 그의 아들에게 먹게 했는데 아들이 차마 먹지 못하자 궁문窮門에서 살해했다. 한착이 예의 아내를 취해 요澆와 희豷를 낳았다. 요澆를 시켜 짐관씨斟灌氏와 짐심씨斟尋氏를 멸망시켰다. 제상帝相이 요澆에게 멸망당하자 후민后緡이 유잉有仍으로 돌아가 소강少康을 낳았다. 유하有夏의 신하인 미靡가 유격有鬲

으로부터 두 나라의 남은 백성을 거두어 한착을 멸하고 소강을 세웠다. 소강이 요를 과過에서 멸하고 후저后杼가 희豷를 과戈에서 멸망시키자 유궁有窮이 드디어 도망쳤다."

그렇다면 제상은 제위를 스스로 빼앗겨 죽임을 당했고, 중간에 예羿와 한착寒浞 두 사람을 거쳤으니 대개 삼십년이었다. (사마천이) 〈하본기〉에서 이를 모두 말하지 않고 곧바로 '제상이 붕어하고 아들 소강이 섰다.'고 한 것은 소략한 것이 심한 것이다.

【索隱】 左傳魏莊子曰 昔有夏之衰也 后羿自鉏遷于窮石 因夏人而代夏政 恃其射也 不修人事 而信用伯明氏之讒子寒浞 浞殺羿 烹之 以食其子 子不忍食 殺于窮門 浞因羿室 生澆及豷 使澆滅斟灌氏及斟尋氏 而相爲澆所滅 后緡歸于有仍 生少康 有夏之臣靡 自有鬲收二國之燼以滅浞 而立少康 少康滅澆于過 后杼滅豷于戈 有窮逐亡 然則帝相自被篡殺 中閒經羿浞二氏 蓋三數十年 而此紀總不言之 直云帝相崩 子少康立 疏略之甚

정의 《제왕기》에는 이렇게 말한다.

"제예帝羿 유궁씨有窮氏는 그 선조가 어떤 성씨인지 듣지 못했다. 제곡 이상은 대대로 사정射正을 관장했다. 제곡에 이르러 동궁彤弓과 소시素矢를 주어서 서鉏 땅에 봉해서 제帝의 사정射正이 되었고, 우虞(순)와 하우夏禹를 거쳤다. 예羿는 사射(활)를 길보吉甫에게 배웠는데 그 팔이 길었다. 그래서 활을 잘 쏘는 것으로 알려졌다. 하나라가 쇠약함에 이르러 서鉏 땅에서 궁석窮石으로 옮겨 하나라의 백성을 따라서 하나라의 정사를 대신했다. 제상帝相은 상구商丘로 옮기고 동성 제후인 짐심斟尋에게 의지했다.

예는 자신이 활을 잘 쏘는 것을 믿고 백성의 일을 돌보지 않고 짐승을 사냥하는데 빠져 그의 어진 신하인 무라武羅, 백인伯姻 웅곤熊髡, 방어尨圉 등을 버리고 한착寒浞을 믿었다. 한착은 백명씨伯明氏의 참소하는 아들인데, 백명후伯明后가 참소로 버림을 당하자 예羿가 자신의 상相으로 삼았다. 한착이 예를 도오桃梧에서 죽이고 예를 삶아서 그 아들에게 먹게 했다. 예의 아들이 차마 먹지 못하자 궁문窮門에서 죽였다. 한착이 드디어 하나라의 왕위를 계승하여 제帝가 되었다. 한착이 유궁有窮이란 호칭을 물려받고 예의 아내를 취해 오효澆와 희繄를 낳았다. 오효澆는 힘이 세고 육지에서도 배를 가게 할 수 있었다. 오효澆를 시켜 군사를 거느리고 짐관씨斟灌氏와 짐심씨斟尋氏를 멸망시키고 하나라 제상帝相을 죽이게 했으며, 오효澆를 과過 땅에 봉하고 희繄를 과戈 땅에 봉했다. 그 거짓된 힘을 믿고 백성의 일을 돌보지 않았다.

처음에 오효澆가 상相을 죽였을 때 유잉씨有仍氏의 딸 후민后緡이 비妃였는데 유잉有仍으로 돌아가 소강小康을 낳았다. 당초 하나라의 유신遺臣 미靡라는 인물이 예羿를 섬겼다. 예가 죽자 유격씨有鬲氏에게 달아났다가 짐심, 짐관 두 나라의 나머지 백성을 거두었으며, 한착을 죽이고 소강을 세웠다. 오효澆를 과過에서 멸망시키고 후저后杼는 희繄를 과戈에서 멸망시켜 유궁有窮이 드디어 망했다."

살펴보니 제상帝相이 제위를 찬탈당하고 예와 한착 두 사람을 거친 것이 40년인데 이 기록은 설명할 수 없으니 사마천도 소략하게 기록한 것이다. 《괄지지》에는 '옛 서성鉏城은 활주滑州 위성현韋城縣 동쪽 10리에 있다.'고 했다. 《진지기晉地記》(진태강지지)에는 '하남에 궁곡窮谷이 있는데 대개 본래 유궁씨有窮氏가 옮긴 곳이다.'라고 했다. 《괄지지》에는

'상구는 지금의 송주宋州이다. 짐관斟灌 고성은 청주 수광현壽光縣 동쪽 54리에 있다. 짐심 고성은 지금의 청주 북해현北海縣이 이곳이다. 옛 과 향정過鄉亭은 내주萊州 액현掖縣 서북쪽 20리 지역이 본래 과국過國 땅이다. 옛 격성鬲城은 낙주洛州 밀현密縣 경계에 있다. 두예는 국명國名이라 일렀는데 지금의 평원平原 격현鬲縣이라고 한다.'라고 했다. 과戈는 송宋과 정鄭나라 사이에 있다. 한국寒國은 북해北海 평수현平壽縣 동쪽 한정寒亭에 있다. 백명伯明은 그의 군주이다. 신찬은 짐심은 하남에 있는데 대개 뒤에 북해로 옮겼다고 했다. 《급총고문》에는 태강은 짐심에 살았는데 예羿 또한 살았으며 걸桀도 또한 살았다고 했다. 《상서》에는 '태강실방太康失邦(태강이 나라를 잃자) 형제오인수우낙예兄弟五人須偶洛汭'(다섯 형제가 짝해서 낙예에서 기다렸다)'라고 했는데 이곳이 곧 태강이 산 곳으로서 낙수洛水 근처가 된다. 또 오기吳起가 위무후魏武侯에게 대답해 이르기를 "하걸夏桀의 거처는 왼쪽에는 하수河水와 제수濟水가 있고 오른쪽에는 태화太華가 있고 이궐伊厥은 그 남쪽에 있으며 양장羊腸이 그 북쪽에 있다."라고 했는데 곧 하남이 이곳이다. 《괄지지》에는 '옛 심鄩성은 낙주洛州 공현鞏縣 서남쪽 58리에 있는데 대개 걸이 거처하는 곳이다. 양적현陽翟縣은 또 이 우를 봉한 곳이며 하백夏伯이 되었다.'고 했다.

【正義】 帝王紀云 帝羿有窮氏未聞其先何姓 帝嚳以上 世掌射正 至嚳 賜以彤弓素矢 封之於鉏爲帝司射 歷虞 夏 羿學射於吉甫 其臂長 故以善射聞 及夏之衰 自鉏遷于窮石 因夏民以代夏政 帝相徙于商丘 依同姓諸侯斟尋 羿恃其善射 不修民事 淫于田獸 棄其良臣武羅 伯姻 熊髡 尨圉而信寒浞 寒浞 伯明氏之讒子 伯明后以讒棄之 而羿以爲己相 寒浞殺羿於桃梧 而烹之以食其子 其子不忍食之 死于窮門 浞遂代夏 立爲帝 寒浞襲有窮之號 因羿

之室 生奡及豷 奡多力 能陸地行舟 使奡帥師滅斟灌 斟尋 殺夏帝相 封奡於
過 封豷於戈 恃其詐力 不恤民事 初 奡之殺帝相也 妃有仍氏女曰后緡 歸有
仍 生少康 初 夏之遺臣曰靡 事羿 羿死 逃於有鬲氏 收斟尋二國餘燼 殺寒浞
立少康 滅奡於過 后杼滅豷於戈 有窮遂亡也 按 帝相被篡 歷羿浞二世 四十
年 而此紀不說 亦馬遷所爲疏略也 奡音五告反 豷音許器反 括地志云 故鉏
城在滑州韋城縣東十里 晉地記云河南有窮谷 蓋本有窮氏所遷也 括地志
云 商丘 今宋州也 斟灌故城在青州壽光縣東五十四里 斟尋故城 今青州北
海縣是也 故過鄉亭在萊州掖縣西北二十里 本過國地 故鬲城在洛州密縣界
杜預云國名 今平原鬲縣也 戈在宋鄭之閒也 寒國在北海平壽縣東寒亭也
伯明其君也 臣瓚云斟尋在河南 蓋後遷北海也 汲冢古文云太康居斟尋 羿
亦居之 桀又居之 尚書云 太康失邦 兄弟五人須于洛汭 此即太康居之 爲近
洛也 又吳起對魏武侯曰 夏桀之居 左河 濟 右太華 伊闕在其南 羊腸在其北
又周書度邑篇云武王問太公 吾將因有夏之居 即河南是也 括地志云 故鄩
城在洛州鞏縣西南五十八里 蓋桀所居也 陽翟縣又是禹所封 爲夏伯

신주 《정의》에 인용한 《제왕세기》의 제예帝羿 유궁씨는 하나라를 빼
앗아 왕이 되었으므로 후예后羿라고 부르는데 또 이예夷羿라고도 부르
니 동이족임을 알 수 있다. 백명씨伯明氏는 성이 운妘인데 여자 녀女자
를 부수로 쓰는 성씨로서 역시 동이족인데, 현재의 산동성 유방시濰坊
市 한정구寒亭區 지역에 살았다고 비정한다. 왕이 된 예를 죽이고 왕이
된 한착寒浞도 백명씨이니, 동이족이 하나라를 차지해 다스린 것인데,
사마천은 예와 한착 두 왕을 빼서 이런 사실을 드러내지 않았다.

④帝予제저

색은 予는 '저伫'로 발음한다.《계본》(세본)에는 계저季伫이고 갑자甲者라고도 한다.《춘추좌전》에는 저杼가 희獯를 과戈에서 멸망시켰다고 했다.《국어》에는 저杼가 우禹를 거느렸다고 했다.

【索隱】 音伫 系本云季伫作甲者也 左傳曰杼滅獯于戈 國語云杼能帥禹者也

⑤帝槐제회

색은 槐는 '회回'로 발음한다.《계본》에는 '제분帝芬'으로 되어 있다.

【索隱】 音回 系本作 帝芬

⑥帝芒제망

색은 '망'으로 발음한다. 추탄생鄒誕生은 또 '황荒'으로 발음한다고 말했다.

【索隱】 音亡 鄒誕生又音荒也

공갑의 실정과 쇠퇴

제망이 붕어하고 제설帝泄이 즉위했다. 제설이 붕어하고 아들 제불강帝不降^①이 즉위했다. 제불강이 붕어하고 아우 제경帝扃이 즉위했다. 제경이 붕어하고 아들 제근帝廑이 즉위했다.^② 제근이 붕어하고 제불강帝不降의 아들 공갑孔甲이 즉위했는데, 이를 제공갑帝孔甲이라고 했다. 제공갑이 천자의 자리에 서서 사방의 귀신들을 좋아하고 음란한 것들을 일삼았다. 하후씨夏后氏의 덕이 쇠약해지자 제후들이 배반했다. 하늘에서는 두 마리의 용龍을 내려 보냈는데 암컷과 수컷이었다. 공갑은 능히 기르지 못하고^③ 환룡씨豢龍氏도 얻지 못했다.^④

帝芒崩 子帝泄立 帝泄崩 子帝不降^①立 帝不降崩 弟帝扃立 帝扃崩 子帝廑立^② 帝廑崩 立帝不降之子孔甲 是爲帝孔甲 帝孔甲立 好方鬼神 事淫亂 夏后氏德衰 諸侯畔之 天降龍二 有雌雄 孔甲不能食^③ 未得豢龍氏^④

①帝不降제불강

②帝廑立제근립

③孔甲不能食공갑불능사

④未得豢龍氏

신주 《통지씨족략通志氏族略》 및 《명현씨족언행류고名賢氏族言行類

稿》등에 따르면 환룡씨는 원래 이성己姓이었는데, 룡을 기를 줄 알아서 순 임금이 환룡豢龍씨라는 성을 하사했고 그 후에 룡성이 되었다고 전하고 있다.

제9장

하나라가 망하다

걸이 임금이 되다

도당씨陶唐氏가 이미 쇠약해졌고 제후 유루씨劉累氏가 있었는데[①] 그가 환룡씨에게 용을 길들이는 법[②]을 배웠으며 그것으로 공갑을 섬겼다. 공갑이 '어룡씨御龍氏'라는 성씨를 하사했는데[③] 시위豕韋의 후後를 이어받았다.[④] 한 마리의 암컷용이 죽자 유루씨가 하후夏后(공갑)에게 먹으라고 했다. 하후가 다시 용을 구하라고 하자 두려워서 사는 곳을 옮겨 떠나갔다.[⑤] 공갑이 붕어하고 아들 제고帝皋가 즉위했다. 제고가 붕어하고[⑥] 아들 제발帝發이 즉위했다. 제발이 붕어하고 아들 제이계帝履癸가 즉위했다. 이이가 걸桀이다.[⑦]

陶唐旣衰 其后有劉累[①] 學擾龍[②]于豢龍氏 以事孔甲 孔甲賜之姓曰御龍氏[③] 受豕韋之後[④] 龍一雌死 以食夏后 夏后使求 懼而遷去[⑤] 孔甲崩 子帝皋立 帝皋崩[⑥] 子帝發立 帝發崩 子帝履癸立 是爲桀[⑦]

①其后有劉累기후유유루

【집해】 복건은 "후后는 유루劉累를 제후로 삼은 것이며 하후夏后가 성을 하사한 것이다."라고 했다.

【集解】 服虔曰 后 劉累之爲諸侯者 夏后賜之姓

【정의】 《괄지지》에는 "유루는 고성이며 낙주 구지현緱氏縣 남쪽 55리에 있는데 유루의 옛 땅이다."라고 했다.

【正義】 括地志云 劉累故城在洛州緱氏縣南五十五里 乃劉累之故地也

②擾龍요룡

【집해】 응소는 "擾는 '유柔'로 발음하는데 길들인다는 뜻이다. 능히 길러 따르게 해서 그의 기욕嗜慾(즐기고 좋아하는 마음)을 얻는다."라고 하였다.

【集解】 應劭曰 擾音柔 擾 馴也 能順養得其嗜慾

③御龍氏어룡씨

【집해】 복건은 "어御는 또한 기른다는 뜻이다."라고 말했다.

【集解】 服虔曰 御亦養

④豕韋之後시위지후

집해 서광은 "수受는 다른 본本에는 경更으로 되어 있다."라고 했다.
나 배인이 살펴보니 육규陸逵는 "유루의 후손은 상商(은나라)에 이르러
서도 단절되지 않았고 시위豕韋의 후예로 대신 되었다. 축융祝融의 후
손을 시위豕韋에 봉했는데 은殷의 무정武丁이 멸망시키고 유루의 후손
으로 대신하게 했다."라고 했다.

【集解】 徐廣曰 受 一作 更 駰案 賈逵曰 劉累之後至商不絕 以代豕韋之後
祝融之後封於豕韋 殷武丁滅之 以劉累之後代之

색은 살펴보니 《계본》에는 "시위豕韋는 방성防姓이다."라고 했다.

【索隱】 按 系本豕韋 防姓

⑤夏后使求懼而遷去하후사구구이천거

집해 가규는 "하후가(용을) 흠향하고 나서 다시 용을 구해서 바치라
고 했는데 유루는 구하지 못해서 두려워했다."라고 했다. 전傳에는 노현
魯縣으로 옮겼다고 했다.

【集解】 賈逵曰 夏后既饗 而又使求致龍 劉累不能得而懼也 傳曰遷於魯縣。

⑥帝皐崩제고붕

집해 《춘추좌전》에는 고묘皐廟는 효남릉殽南陵에 있다고 했다.

【集解】 左傳曰皐墓在殽南陵

⑦桀걸

색은 걸桀은 이름이다.《계본》에는 제고帝皋가 발發과 걸桀을 낳았다
고 했다. 이곳에서는 발發이 걸桀을 낳았다고 했는데 황보밀의 설과 같다.
【索隱】 桀 名也 按 系本帝皋生發及桀 此以發生桀 皇甫謐同也

제걸帝桀 시대는[①] 공갑 이래로 내려오면서 제후들이 하나라를
많이 배반했는데 걸은 덕에 힘쓰지 않고 무력으로 백성을 해쳐
백성이 견디지 못했다. 이에 탕湯을 불러 하대夏臺[②]에 가두었다
가 얼마 있다 석방했다. 탕湯이 덕을 닦자 제후들이 모두 탕에게
로 돌아갔다. 탕이 마침내 군사를 거느리고 하나라 걸을 정벌했
다. 걸이 명조鳴條[③]로 달아났다가 추방되어 죽었다.[④] 걸이 사람
들에게 일러 말했다.

"내가 탕湯을 하대夏臺에서 죽이지 않아서 이 지경에 이르게 된
것을 후회한다."

탕湯이 천자의 자리에 올라 하나라를 대신해 천하의 조회를 받
았다. 탕은 하夏의 후손을 제후로 봉했다.[⑤] 주周나라에 이르러
서도 하의 후손을 기杞[⑥]땅에 봉했다.

帝桀之時[①] 自孔甲以來而諸侯多畔夏 桀不務德而武傷百姓 百姓弗
堪 迺召湯而囚之夏臺[②] 已而釋之 湯修德 諸侯皆歸湯 湯遂率兵以
伐夏桀 桀走鳴條[③] 遂放而死[④] 桀謂人曰 吾悔不遂殺湯於夏臺 使至
此 湯乃踐天子位 代夏朝天下 湯封夏之後[⑤] 至周封於杞[⑥]也

① 帝桀之時제걸지시

집해 《시법》에 사람을 많이 해치고 죽인 것은 걸桀이라 한다.

【集解】 謚法 賊人多殺曰桀

② 夏臺하대

색은 옥獄 이름이다. 하夏나라에서는 균대均臺라고 했다. 황보밀이 "그 땅은 양적陽翟에 있다."라고 한 것이 이곳이다.

【索隱】 獄名 夏曰均臺 皇甫謚云 地在陽翟 是也

③ 鳴條명조

집해 공안국은 "그 땅은 안읍安邑 서쪽에 있다."고 했다. 정현은 "남 이南夷며 지명地名이다."라고 했다.

【集解】 孔安國曰 地在安邑之西 鄭玄曰 南夷 地名

신주 상나라가 하나라를 멸망시킨 전쟁을 명조지전鳴條之戰이라고 하는데, 중국 학계는 명조를 지금의 산서성 운성運城시 하현夏縣 서쪽 으로 비정한다. 하현은 옛 안읍安邑이다.

④ 遂放而死수방이사

서광은 "우임금으로부터 걸에 이르기까지 17명의 군주이고 14대이다."라고 했다. 배인이 살펴보니 《급총기년》에는 "왕이 있고 왕이 없던 때까지 함께하면 471년을 지냈다."라고 했다.

【集解】 徐廣曰 從禹至桀十七君 十四世 駰案 汲冢紀年曰 有王與無王 用歲四百七十一年矣

서광이 말하기를 "우부터 걸까지 17 임금이고, 14대이다. 배인이 살펴보니 《급총기년》에서는 "왕이 있던 때와 없던 때까지 함께 하면 사용된 해는 471년이다"라고 했다.

【索隱】 徐廣曰 從禹至桀 十七君 十四世 案 汲冢紀年曰 有王與無王 用歲四百七十一年

《집해》와 《색은》의 주석이 같은데 백납본에는 《색은》 주석이 없다.

《괄지지》에는 "여주廬州 소현巢縣에 소호巢湖가 있는데 곧 《상서》에서 성탕成湯이 걸을 정벌하고 남소南巢로 추방한 곳이다."라고 했다. 《회남자》에는 "탕이 걸을 역산에서 무너뜨리자 말희末喜와 함께 같은 배를 타고 강수를 떠서 남소의 산으로 달아나 죽었다."고 했다. 《국어》에는 "소호巢湖에 가득했다."고 했다. 또 이르기를 "하나라 걸이 유시有施를 정벌하자 유시 사람이 말희末喜의 딸을 바쳤다."라고 했다.

【正義】 括地志云 廬州巢縣有巢湖 即尚書 成湯伐桀 放於南巢 者也 淮南子云 湯敗桀於歷山 與末喜同舟浮江 奔南巢之山而死 國語云 滿於巢湖 又

云 夏桀伐有施 施人以妹喜女焉 女音女慮反

신주 말희妺喜는 말희妹喜라고도 하는데 성이 희喜(희嬉)로써 하나라 17대 군주 걸의 왕후이다. 유시有施는 하나라 때 희성喜姓의 나라이다. 《국어》〈진어晉語〉에 "옛날 하걸이 유시를 정벌하자 유시 사람이 말희의 딸을 바쳤다."고 했는데, 위소가 이에 대한 주석에서 "유시는 희성의 나라이고, 말희는 그 딸이다."라고 했다. 황보밀의 《제왕세기》에는 말희가 우연히 비단 찢는 소리를 듣고 좋아하자 걸이 전국의 비단을 가져오게 해서 찢었다고 전하고 있다. 폭군 뒤에는 요사한 미녀가 있다는 유교식 역사 서술법의 원조가 되는 여인이다.

⑤湯封夏之後탕봉하지후

정의 《괄지지》에는 "하정夏亭 고성은 여주汝州 겹성현郟城縣 동북쪽 54리에 있는데 대개 하후夏后를 봉한 곳이다."라고 했다.
【正義】 括地志云 夏亭故城在汝州郟城縣東北五十四里 蓋夏后所封也

⑥杞기

정의 《괄지지》에는 "변주汴州 옹구현雍丘縣은 옛 기국杞國의 성이다. 주무왕周武王이 우임금의 후손을 봉하고 호號를 동루공東樓公이라고 했다."고 했다.
【正義】 括地志云 汴州雍丘縣 古杞國城也 周武王封禹後 號東樓公也

태사공은 말한다.

"우禹는 사성姒姓인데, 그 후손들을 각지에 분봉해서 국호로써 성씨를 삼았다. 그래서 하후씨夏后氏·유호씨有扈氏·유남씨有南氏·짐심씨斟尋氏[1]·동성씨彤城氏·포씨褒氏·비씨費氏[2]·기씨杞氏·증씨繪氏·신씨辛氏·명씨冥氏·짐과씨斟戈氏 등이 있게 되었다. 공자가 하나라의 역법을 바로잡았는데 학자들이 많이 '하소정夏小正'[3]을 전수했다고 이른다. 우虞나라와 하夏나라 때부터 공물이나 조세의 법규들이 갖추어졌다. 어떤 이는 말하기를 '우임금이 제후들을 강남에 모이게 하고 공을 계산하다가 붕어했다. 장례를 치렀는데 이 때문에 이곳을 명하여 회계會稽라고 했다.'라고 했다. 회계會稽는 회계會計이다."[4]

太史公曰 禹爲姒姓 其後分封 用國爲姓 故有夏后氏 有扈氏 有男氏 斟尋氏[1] 彤城氏 褒氏 費氏[2] 杞氏 繪氏 辛氏 冥氏 斟(氏)戈氏 孔子 正夏時 學者多傳夏小正[3]云 自虞 夏時 貢賦備矣 或言禹會諸侯江南 計功而崩 因葬焉 命曰會稽 會稽者 會計也

① 斟尋氏짐심씨

[집해] 서광은 "어떤 본本에는 짐씨斟氏와 심씨尋氏로 되어 있다."고 했다.

【集解】 徐廣曰 一作 斟氏 尋氏

②彤城氏褒氏費氏동성씨포씨비씨

《계본》에는 남男자가 남南자로 되어 있고, 심尋자는 심鄩자로
되어 있고, 비費자는 불弗자로 되어 있는데 동성彤城자와 포褒자는 말
하지 않았다. 살펴보니 주周나라에는 동백彤伯이 있는데 대개 동성씨彤
城氏의 후예일 것이다. 장오의 《지리기》에는 "제남濟南 평수현平壽縣이
그 땅인데 곧 옛 짐심국이다."라고 했다. 또 아래에 짐과씨斟戈氏를 말했
는데 《좌전》과 《계본》을 조사해보니 모두 짐관씨斟灌氏라고 일렀다.

【索隱】 系本男作 南 尋作 鄩 費作 弗 而不云彤城及褒 按 周有彤伯 蓋彤
城氏之後 張敖地理記云 濟南平壽縣 其地即古斟尋國 又下云斟戈氏 按左
傳 系本皆云斟灌氏

③夏小正하소정

《예기》〈예운禮運〉에 "공자가 이르기를 나는 하나라의 도를 알
고자 기杞 땅에 갔지만 증명할만한 자료가 부족했고 다만 하나라의 역
서曆書를 얻을 수가 있었다."고 했다. 정현은 "하나라 네 계절의 책(역서)
을 얻었는데 그 보존된 것 중에 '소정小正'이 있었다."라고 했다.

【集解】 禮運稱孔子曰 我欲觀夏道 是故之杞 而不足徵也 吾得夏時焉 鄭
玄曰 得夏四時之書 其存者有小正

소정小正은 《대대례》의 편 이름이다.

【索隱】 小正 大戴記篇名 正征二音

④會稽者會計也 회계자회계야

집해 《황람》에서 말하길, "우총禹冢(우임금의 무덤)은 산음현 회계산 위에 있다. 회계산의 본래 이름은 묘산苗山으로 현縣 남쪽에 있다. 현에서 거리가 7리이다. 《월전越傳》에는 '우임금이 대월大越에 이르러 묘산苗山에 올라 대회계大會計를 하고 덕이 있는 자에게 작위를 주고 공이 있는 자에게 분봉했다. 이로 인해 묘산의 이름을 회계會稽라고 고쳤다. 이때 병으로 죽어 장례를 치렀는데, 갈대로 된 관에 판 구덩이의 깊이는 7자였다. 위로는 쏟아져 새는 것이 없게 하고 아래로는 바닥에 물이 없게 했으며, 단壇의 높이는 3자이고 흙 계단은 3단이며 주위 사방은 1무畝였다.'고 했다. 《여씨춘추》에는 '우임금은 회계에서 장사를 치렀는데 사람들을 번거롭게 하지 않았다.'고 했다. 《묵자》에는 '우임금은 회계에서 장사지냈는데 갖옷 세 벌과 동관桐棺이 3치였다.'고 했다. 〈지리지〉에는 '산 위에는 우정禹井과 우사禹祠가 있어 서로 전하고 있으며 아래에서 모든 새들이 밭에 김을 맨다.'라고 했다."

【集解】 皇覽曰 禹冢在山陰縣會稽山上 會稽山本名苗山 在縣南 去縣七里 越傳曰禹到大越 上苗山 大會計 爵有德 封有功 因而更名苗山曰會稽 因病死 葬 葦棺 穿壙深七尺 上無瀉泄 下無邸水 壇高三尺 土階三等 周方一畝 呂氏春秋曰 禹葬會稽 不煩人徒 墨子曰 禹葬會稽 衣裘三領 桐棺三寸 地理志云山上有禹井 禹祠 相傳以爲下有羣鳥耘田者也

색은 위관葦棺은 갈대로 관을 만든 것이다. 거친 대자리로 염斂을 했다고 이른 것은 잘못된 것이다. 우임금이 비록 검약했으나 어찌 만승萬乘

의 군주인데 신하와 자식들이 거친 대자리로 시체를 쌌겠는가? 묵자가
'동관桐棺 3치'라고 말한 것이 인정人情에 조금 가까운 것이다.

【索隱】 抵 至也 音丁禮反 葦棺者 以葦爲棺 謂蘧蒢而斂 非也 禹雖儉約 豈
萬乘之主而臣子乃以蘧蒢裹尸乎 墨子言 桐棺三寸 差近人情

정의 《괄지지》에는 "우릉禹陵은 월주 회계현 남쪽 13리에 있다. 묘
는 현縣의 동남쪽 11리에 있다."고 했다.

【正義】 括地志云 禹陵在越州會稽縣南十三里 廟在縣東南十一里

신주 회계會稽를 지금 장강(양자강) 하류의 현재 강소江蘇성 소주蘇州
일대로 보고 있다. 그러나 이 역시 후대에 확대된 지명이다. "우임금이
제후들을 강남으로 불렀다."는 구절의 강남을 후대에 장강으로 간주하
고 만들어진 지리개념이기 때문이다. 고대의 사독은 하河, 회淮, 제濟,
강江인데, 이때의 강은 현재의 양자강이 아니라 산동성의 기하沂河였
다. 이 당시 남독南瀆은 장강長江이 아니라 회수淮水였다. 우임금의 실제
활동지를 살펴보면 우임금이 제후들을 부른 강남은 산동성 기하 남쪽
이거나 하남성 회수 남쪽이었을 것이다. 현재의 장강으로 인식하는 것
은 후대에 만들어진 개념이다.

색은술찬 사마정이 펼쳐서 밝히다.
요임금이 홍수를 만나고 백성은 굶주림을 걱정했다. 우는 부지런히 치
수사업을 하여 손과 발에 굳은살[변지胼胝]이 박혔다. 4년을 말하고 계
산하며, 사시사철 움직이며 돌아다녔다. 장가드는 날에도 문을 지나치

며 집안을 돌보지 못했다. 구토九土가 다스려지고 나자, 현규玄圭를 이에 하사했다. 계啓 임금이 후계자로 즉위하자 유호有扈가 명령을 위반했다. 아들 다섯이 노래를 짓고 태강太康은 정치를 잃었다. 예羿와 착浞이 업신여겼으나 하나라 왕실은 다투지 못했다. 내려와 공갑孔甲에 이르렀는데 용龍으로 어지럽혀 천성에 어긋났다. 아, 저기 명조鳴條에서 그 끝이 좋지 못했구나!

【索隱述贊】 堯遭鴻水 黎人阻飢 禹勤溝洫 手足胼胝 言乘四載 動履四時 娶妻有日 過門不私 九土旣理 玄圭錫茲 帝啓嗣立 有扈違命 五子作歌 太康失政 羿浞斯侮 夏室不競 降于孔甲 擾龍乖性 嗟彼鳴條 其終不令